AF191107

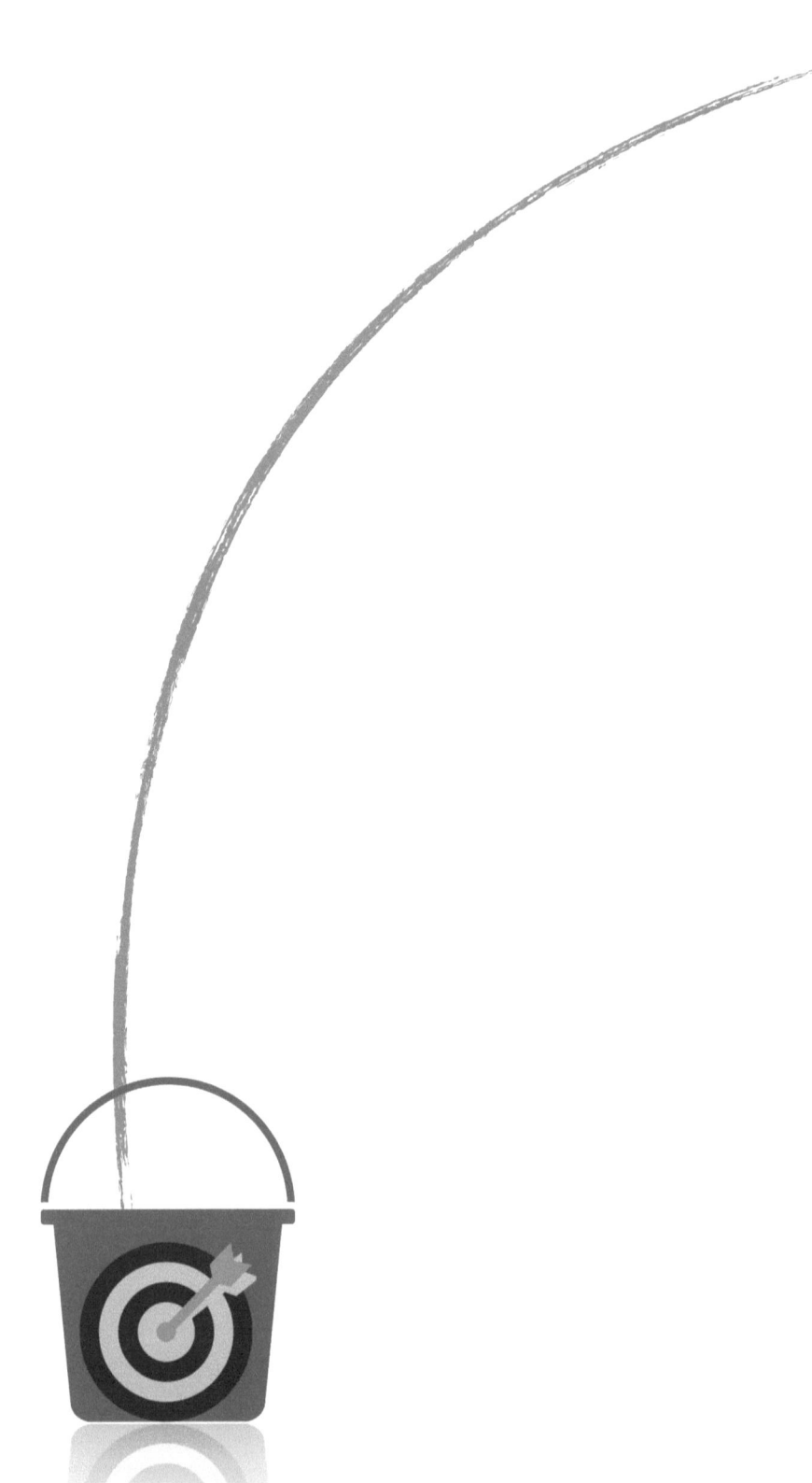

EFFEKTIVES MARKETING FÜR REINIGUNGSFIRMEN

Mehr Sichtbarkeit, mehr Kunden

Monika Velez

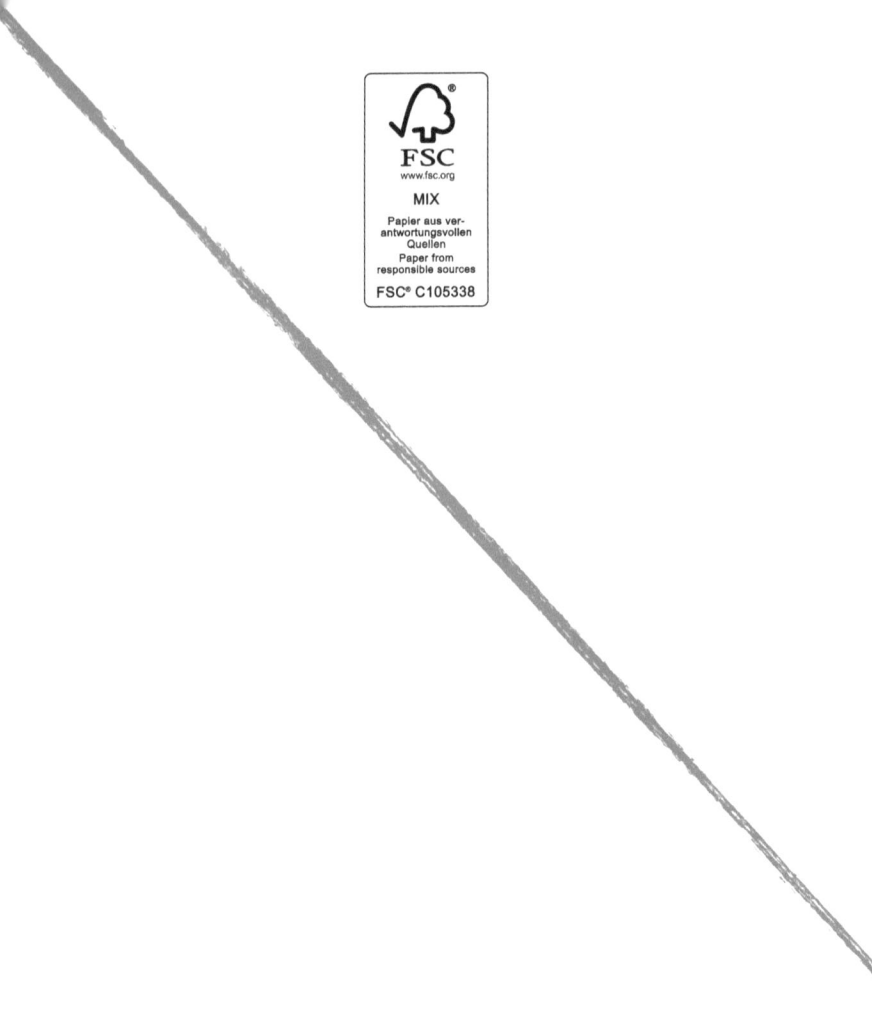

Verlag: BoD · Books on Demand GmbH, In de Tarpen 42,
22848 Norderstedt
Druck: Libri Plureos GmbH, Friedensallee 273,
22763 Hamburg

Buchautorin: Monika Velez
Online Market Maker GmbH
Rondenbarg15,
22525 Hamburg
ISBN: 978-3-7597-5886-6

Inhaltsverzeichnis

- Einführung in die Herausforderungen und Chancen in der
  Reinigungsbranche.
- Warum Kundengewinnung und Markenaufbau entscheidend
  für den Erfolg sind.
- Überblick über bewährte Strategien und Taktiken.

- Identifizierung der Zielgruppe(n) für Reinigungsunternehmen.
- Segmentierung des Marktes und Identifizierung von
  Nischenmärkten.
- Entwicklung einer starken Markenpositionierung.

- Online-Marketing: Website-Optimierung,
  Suchmaschinenoptimierung (SEO), Content-Marketing.
- Social Media Marketing: Nutzung von Plattformen wie
  Facebook, Instagram, LinkedIn.
- Offline-Marketing: Flyer, Broschüren, Networking, lokale
  Werbung.

- Definition der Markenidentität: Mission, Vision, Werte.
- Gestaltung eines ansprechenden Firmenlogos und
  Corporate Designs.
- Entwicklung einer konsistenten Markenbotschaft.

- Bedeutung von Kundenservice und -zufriedenheit in der Reinigungsbranche.
- Implementierung von Kundenbindungsprogrammen und -aktionen.
- Nutzung von Feedback und Bewertungen zur Verbesserung des Services.

- Praktische Beispiele erfolgreicher Kundengewinnungs- und Markenaufbaumaßnahmen in der Reinigungsbranche.
- Interviews mit Branchenexperten und erfolgreichen Unternehmern.

- Kontinuierliche Analyse und Anpassung der Marketingstrategie.
- Investition in Weiterbildung und Entwicklung von Mitarbeiterfähigkeiten.
- Ausblick auf zukünftige Trends und Entwicklungen in der Reinigungsbranche.

- Zusammenfassung der wichtigsten Erkenntnisse und Handlungsempfehlungen.
- Dank an die Leser und Einladung zur Kontaktaufnahme für weitere Unterstützung.

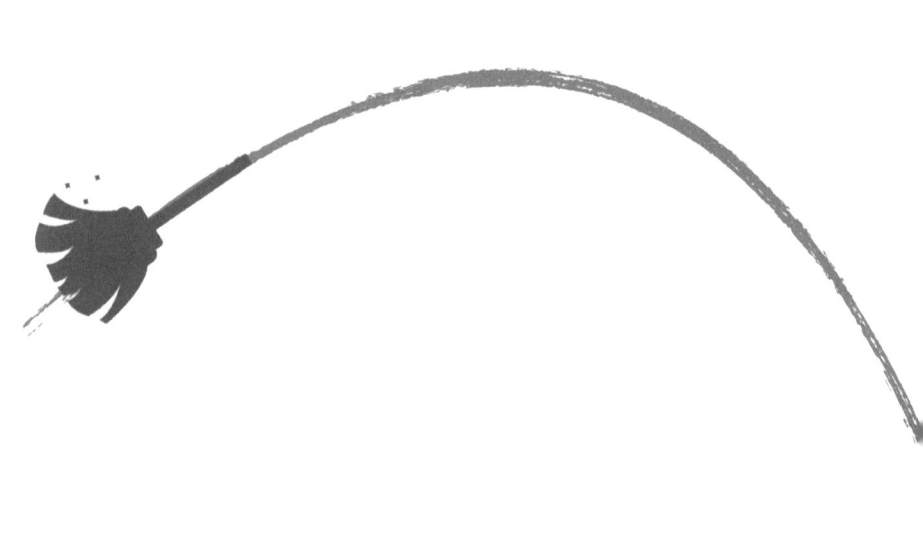

Vorwort

Liebe Leserinnen und Leser,

es ist mir eine große Freude, Sie zu diesem Buch über erfolgreiche Kundengewinnung und Markenaufbau in der Reinigungsbranche begrüßen zu dürfen. Als langjähriger Unternehmer und Branchenexpertin habe ich selbst die Höhen und Tiefen des Reinigungsgewerbes erlebt. In meinen Jahren der Tätigkeit habe ich nicht nur Reinigungsunternehmen aufgebaut und geleitet, sondern auch zahlreiche Einblicke in die Herausforderungen und Chancen dieser Branche gewonnen.

Die Reinigungsbranche ist von Natur aus wettbewerbsintensiv und anspruchsvoll. Doch sie bietet auch ein enormes Potenzial für Wachstum und Erfolg, vorausgesetzt, man versteht die richtigen Strategien und Taktiken, um sich erfolgreich zu positionieren. Genau hier setzt dieses Buch an. Unser Ziel ist es, Ihnen praxiserprobte Tipps, bewährte Strategien und inspirierende Erfolgsgeschichten zu präsentieren, die Ihnen helfen werden, Ihr Reinigungsunternehmen auf das nächste Level zu bringen.

In den folgenden Kapiteln werden wir gemeinsam die Bedeutung von Kundengewinnung und Markenaufbau verstehen, die verschiedenen Aspekte des Marketings erkunden, den Aufbau einer starken Marke betrachten und vieles mehr. Unser Fokus liegt dabei stets darauf, Ihnen konkrete Handlungsempfehlungen zu geben, die Sie direkt in Ihrem Unternehmen umsetzen können.

Ich möchte mich an dieser Stelle bei all denjenigen bedanken, die zu diesem Buch beigetragen haben - sei es durch ihre Expertise, ihre Erfahrungen oder ihre inspirierenden Geschichten. Ein besonderer Dank gilt auch Ihnen, liebe Leserinnen und Leser, für Ihr Interesse an diesem Thema und Ihre Bereitschaft, neue Wege zu gehen.

Ich hoffe, dass dieses Buch Ihnen wertvolle Einblicke liefert, Sie inspiriert und Ihnen dabei hilft, Ihre Ziele in der Reinigungsbranche zu erreichen. Wenn Sie Fragen haben oder weitere Unterstützung benötigen, zögern Sie nicht, mich zu kontaktieren. Ich freue mich darauf, von Ihnen zu hören und Ihnen auf Ihrem Weg zum Erfolg zur Seite zu stehen.

Mit herzlichen Grüßen,

Monika Velez

Kapitel 1

Die Bedeutung von Kundengewinnung und Markenaufbau in der Reinigungsbranche

Stellen Sie sich vor, Sie betreten einen Raum, in dem eine Gruppe von Menschen über ihre Erfahrungen mit Reinigungsunternehmen spricht. Einige loben die zuverlässige und gründliche Arbeit ihrer Reinigungsdienste, während andere frustriert über unzuverlässige Anbieter berichten, die ihre Versprechen nicht einhalten. Inmitten dieser Diskussionen wird schnell klar: In der Reinigungsbranche herrscht ein starker Wettbewerb, und der Erfolg eines Unternehmens hängt entscheidend davon ab, wie gut es gelingt, Kunden zu gewinnen und eine starke Marke aufzubauen.

Warum ist das so wichtig? Nun, in einer Welt, in der das Angebot an Reinigungsdienstleistungen scheinbar endlos ist, müssen Unternehmen Wege finden, sich von der Masse abzuheben. Eine starke Marke und eine effektive Kundengewinnungsstrategie sind die Schlüssel dazu. Sie sind nicht nur Mittel zum Zweck, um Kunden zu gewinnen, sondern auch eine Möglichkeit, Vertrauen aufzubauen, Kundenbindung zu fördern und langfristigen Erfolg zu sichern.

Doch wie gelingt es, eine erfolgreiche Marke aufzubauen und Kunden zu gewinnen, die loyal sind und gerne wiederkehren oder jahrelang bleiben? In diesem Buch werden wir gemeinsam in die Welt der Kundengewinnung und des Markenaufbaus eintauchen. Wir werden bewährte Strategien kennenlernen, inspirierende Erfolgsgeschichten hören und praktische Tipps erhalten, die Ihnen helfen werden, Ihr Reinigungsunternehmen auf das nächste Level zu bringen.

Von der Identifizierung Ihrer Zielgruppe bis hin zur Entwicklung einer einzigartigen Markenidentität, von der Nutzung digitaler Marketingkanäle bis hin zur Pflege langfristiger Kundenbeziehungen - dieses Buch bietet Ihnen alles, was Sie brauchen, um in der Reinigungsbranche erfolgreich zu sein.

Begleiten Sie mich auf dieser Reise, und lassen Sie uns gemeinsam die Welt der Kundengewinnung und des Markenaufbaus in der Reinigungsbranche erkunden. Denn nur gemeinsam können wir die Herausforderungen meistern und die Chancen nutzen, die diese spannende Branche bietet

Kapitel 1.1

Die Herausforderungen und Chancen in der Reinigungsbranche

Die Reinigungsbranche ist eine der vielfältigsten und dynamischsten Branchen der Welt. Von kleinen lokalen Reinigungsunternehmen bis hin zu großen multinationalen Dienstleistern - die Bandbreite der Anbieter ist enorm. Doch hinter den glänzenden Oberflächen und makellosen Ergebnissen verbirgt sich eine Branche, die mit einer Vielzahl von Herausforderungen konfrontiert ist, aber auch ein enormes Potenzial für Wachstum und Erfolg bietet.

Herausforderungen:

1. Intensiver Wettbewerb:
Die Konkurrenz in der Reinigungsbranche ist intensiv. Unternehmen müssen sich ständig bemühen, sich von anderen Anbietern abzuheben und ihre Alleinstellungsmerkmale hervorzuheben, um Kunden anzulocken.

2. Preissensibilität:
Viele Kunden in der Reinigungsbranche sind preissensibel und neigen dazu, Dienstleister zu wählen, die die günstigsten Preise anbieten. Dies kann den Druck auf Unternehmen erhöhen, ihre Preise niedrig zu halten, was sich wiederum negativ auf ihre Rentabilität auswirken kann.

3. Personalmanagement:
Die Suche nach qualifiziertem Reinigungspersonal kann eine Herausforderung sein, insbesondere in Zeiten des Fachkräftemangels. Unternehmen müssen Wege finden,

talentierte Mitarbeiter zu gewinnen, zu binden und zu motivieren, um eine hohe Servicequalität sicherzustellen.

4. Technologische Veränderungen:

Die Reinigungsbranche ist ständig im Wandel, und neue Technologien und Innovationen können sich auf die Art und Weise auswirken, wie Reinigungsdienstleistungen erbracht werden. Unternehmen müssen bereit sein, sich anzupassen und in neue Technologien zu investieren, um wettbewerbsfähig zu bleiben.

Chancen

1. Wachsender Bedarf an Reinigungsdienstleistungen:

Mit der zunehmenden Urbanisierung und dem steigenden Lebensstandard wächst auch der Bedarf an professionellen Reinigungsdienstleistungen. Unternehmen haben die Möglichkeit, von diesem Trend zu profitieren und ihr Geschäft auszubauen.

2. Spezialisierungsmöglichkeiten:

In der Reinigungsbranche gibt es zahlreiche Möglichkeiten zur Spezialisierung, sei es in bestimmten Bereichen wie Büroreinigung, Industriereinigung oder im Gesundheitswesen. Unternehmen können sich durch Spezialisierung von der Konkurrenz abheben und sich als Experten in ihrem Bereich positionieren.

3. Nachhaltigkeitstrends:

Immer mehr Kunden legen Wert auf umweltfreundliche und nachhaltige Reinigungsdienstleistungen. Unternehmen, die sich diesem Trend anpassen und umweltfreundliche Reinigungsmethoden und -produkte verwenden, können einen Wettbewerbsvorteil erlangen und neue Marktchancen erschließen.

4. Digitalisierung und Automatisierung:

Die Digitalisierung bietet Möglichkeiten zur Effizienzsteigerung und Prozessoptimierung in der Reinigungsbranche.

Unternehmen können von digitalen Lösungen profitieren, um Arbeitsabläufe zu vereinfachen, Kosten zu senken und die Kundenzufriedenheit zu erhöhen.

In diesem Kapitel haben wir einen Einblick in die Herausforderungen und Chancen der Reinigungsbranche gegeben. Im weiteren Verlauf dieses Buches werden wir uns näher mit Strategien und Taktiken befassen, um diese Herausforderungen zu meistern und die Chancen zu nutzen, die diese faszinierende Branche bietet.

Kapitel 1.2

Warum Kundengewinnung und Markenaufbau
entscheidend für den Erfolg sind

In der Welt der Reinigungsbranche ist es nicht genug, einfach nur ein Reinigungsunternehmen zu sein. Um langfristigen Erfolg zu sichern und sich von der Konkurrenz abzuheben, müssen Unternehmen aktiv daran arbeiten, Kunden zu gewinnen und eine starke Marke aufzubauen. Doch warum sind diese beiden Aspekte so entscheidend für den Erfolg?

1. Vertrauensbildung und Glaubwürdigkeit:

Kunden neigen dazu, Dienstleistungen von Unternehmen zu wählen, denen sie vertrauen. Eine starke Marke und eine erfolgreiche Kundengewinnungsstrategie können dazu beitragen, das Vertrauen der Kunden zu gewinnen und ihre Glaubwürdigkeit zu stärken. Durch konsistente und hochwertige Dienstleistungen baut das Unternehmen Vertrauen auf und etabliert sich als verlässlicher Anbieter in der Branche.

2. Kundenbindung und -zufriedenheit:

Die Gewinnung neuer Kunden ist wichtig, aber ebenso wichtig ist es, bestehende Kunden zu binden und ihre Zufriedenheit sicherzustellen. Eine erfolgreiche Kundengewinnungsstrategie und ein starker Markenaufbau können dazu beitragen, die Kundenbindung zu stärken, indem sie ein positives Markenerlebnis schaffen und den Kunden das Gefühl geben, geschätzt und gut betreut zu werden.

3. Differentiation von der Konkurrenz:

In einem Markt, der oft von intensivem Wettbewerb geprägt ist, ist es entscheidend, sich von der Konkurrenz abzuheben. Eine starke Marke und eine gezielte Kundengewinnungsstrategie ermöglichen es einem Unternehmen, sich als einzigartig und unverwechselbar zu positionieren und dadurch einen Wettbewerbsvorteil zu erlangen.

4. Langfristige Rentabilität:

Unternehmen, die in Kundengewinnung und Markenaufbau investieren, legen den Grundstein für langfristigen Erfolg und Rentabilität. Indem sie eine treue Kundenbasis aufbauen und ihre Marke kontinuierlich stärken, können sie langfristige Beziehungen aufbauen und wiederkehrende Umsätze generieren.

5. Attraktivität für Investoren und Partner:

Eine starke Marke und eine erfolgreiche Kundengewinnungsstrategie machen ein Unternehmen attraktiver für potenzielle Investoren und Geschäftspartner. Sie signalisieren Stabilität, Wachstumspotenzial und ein solides Geschäftsmodell, was das Vertrauen von externen Interessenten stärkt.

Insgesamt sind Kundengewinnung und Markenaufbau entscheidende Erfolgsfaktoren für Unternehmen in der Reinigungsbranche. Sie ermöglichen es Unternehmen, Vertrauen aufzubauen, Kunden langfristig zu binden, sich von der Konkurrenz abzuheben und langfristigen Erfolg zu sichern.

Kapitel 1.3

Überblick über bewährte Strategien und Taktiken

Die Welt des Marketings und der Kundengewinnung ist vielfältig und dynamisch. In diesem Kapitel werden wir einen Überblick über einige bewährte Strategien und Taktiken geben, die Reinigungsunternehmen dabei helfen können, Kunden zu gewinnen und ihre Marke erfolgreich aufzubauen.

1. Zielgruppenanalyse und Positionierung

Bevor ein Unternehmen mit der Kundengewinnung beginnt, ist es wichtig, die Zielgruppe(n) genau zu verstehen und sich darauf zu konzentrieren. Dies beinhaltet die Identifizierung der demografischen Merkmale, Bedürfnisse, Vorlieben und Herausforderungen der Zielgruppe. Auf dieser Basis kann das Unternehmen dann eine starke Positionierung entwickeln, die darauf abzielt, sich von der Konkurrenz abzuheben und einen klaren Mehrwert für die Zielgruppe zu bieten.

Beispiel: Ein Reinigungsunternehmen könnte sich beispielsweise auf die Büroreinigung für kleine und mittelständische Unternehmen spezialisieren und sich als Experte für saubere und hygienische Arbeitsumgebungen positionieren.

2. Online-Marketing

In der heutigen digitalen Ära ist Online-Marketing ein unverzichtbares Instrument für die Kundengewinnung und den Markenaufbau. Unternehmen können verschiedene Online-

Kanäle nutzen, um ihre Reichweite zu erhöhen, potenzielle Kunden anzusprechen und ihre Marke zu stärken.

Dazu gehören unter anderem:

➡ **Website-Optimierung:** Eine ansprechende und benutzerfreundliche Website ist entscheidend, um potenzielle Kunden anzusprechen und zu überzeugen. Die Website sollte Informationen über das Unternehmen, seine Dienstleistungen, Referenzen und Kontaktmöglichkeiten enthalten.

➡ **Suchmaschinenoptimierung (SEO):** Durch die Optimierung der Website für relevante Suchbegriffe können Unternehmen ihre Sichtbarkeit in den Suchmaschinenergebnissen verbessern und mehr organischen Traffic auf ihre Website lenken.

➡ **Content-Marketing:** Die Erstellung und Verbreitung von hochwertigem Content, wie Blogposts, Artikel, Videos und Infografiken, kann dazu beitragen, das Fachwissen des Unternehmens zu demonstrieren, Vertrauen aufzubauen und potenzielle Kunden zu informieren und zu inspirieren.

Beispiel: Ein Reinigungsunternehmen könnte regelmäßig informative Blogposts über Reinigungstipps, Hygienestandards oder Trends in der Reinigungsbranche veröffentlichen, um seine Expertise zu zeigen und potenzielle Kunden anzuziehen.

3. Social Media Marketing

Soziale Medien bieten eine ideale Plattform für Unternehmen, um mit ihrer Zielgruppe in Kontakt zu treten, Inhalte zu teilen und ihre Marke zu präsentieren. Unternehmen können verschiedene Plattformen wie Facebook, Instagram, LinkedIn und Twitter nutzen, um ihre Reichweite zu erhöhen, Kundenbindung aufzubauen und ihre Markenbekanntheit zu steigern.

Beispiel: Ein Reinigungsunternehmen könnte regelmäßig Bilder und Videos von seinen Reinigungsteams in Aktion auf

Instagram und Facebook teilen, um Einblicke in seine Arbeitsweise zu geben und das Vertrauen der Kunden zu stärken.

4. Offline-Marketing

Obwohl Online-Marketing heutzutage eine große Rolle spielt, sollten Unternehmen auch Offline-Marketingtaktiken in Betracht ziehen, um potenzielle Kunden zu erreichen. Dazu gehören beispielsweise:

➡ **Flyer und Broschüren:** Die Verteilung von Flyern und Broschüren in relevanten Geschäften, Büros oder Wohngebieten kann eine effektive Möglichkeit sein, lokale Kunden anzusprechen und auf das Unternehmen aufmerksam zu machen.

➡ **Networking:** Die Teilnahme an Branchenveranstaltungen, Messen und Netzwerktreffen kann Unternehmen dabei helfen, neue Kontakte zu knüpfen, Partnerschaften zu schließen und ihr Netzwerk zu erweitern.

Beispiel: Ein Reinigungsunternehmen könnte eine Flyeraktion in Bürogebäuden in der Nähe seines Standorts durchführen, um potenzielle Kunden auf seine Dienstleistungen aufmerksam zu machen und neue Geschäftsmöglichkeiten zu schaffen.

5. Kundenbindung und -pflege

Die Gewinnung neuer Kunden ist wichtig, aber ebenso wichtig ist es, bestehende Kunden zu halten und zu pflegen. Unternehmen sollten daher nicht nur darauf achten, neue Kunden zu gewinnen, sondern auch Maßnahmen ergreifen, um die Zufriedenheit und Loyalität bestehender Kunden zu erhöhen. Dazu gehören beispielsweise:

- *Kundenservice:* Ein exzellenter Kundenservice ist entscheidend, um die Zufriedenheit der Kunden sicherzustellen und eine langfristige Beziehung aufzubauen. Unternehmen sollten auf Anfragen und Beschwerden schnell und professionell reagieren und sicherstellen, dass die Bedürfnisse der Kunden erfüllt werden.

- *Kundenbindungsprogramme:* Die Einführung von Kundenbindungsprogrammen und -aktionen, wie Treuepunkte, Rabatte für Stammkunden oder exklusive Angebote, kann dazu beitragen, die Kundenbindung zu stärken und Kunden dazu zu ermutigen, regelmäßig auf die Dienstleistungen des Unternehmens zurückzugreifen.

Beispiel: Ein Reinigungsunternehmen könnte seinen Stammkunden einen exklusiven Rabatt für wiederkehrende Buchungen anbieten oder ihnen besondere Extras wie kostenlose Zusatzleistungen oder bevorzugte Buchungstermine anbieten, um ihre Loyalität zu belohnen und sie dazu zu ermutigen, weiterhin ihre Dienstleistungen in Anspruch zu nehmen.

In diesem Kapitel haben wir einen Überblick über einige bewährte Strategien und Taktiken gegeben, die Unternehmen in der Reinigungsbranche dabei helfen können, Kunden zu gewinnen und ihre Marke erfolgreich aufzubauen. Im weiteren Verlauf dieses Buches werden wir tiefer in diese Themen eintauchen und konkrete Tipps und Beispiele präsentieren, um Ihnen dabei zu helfen, diese Strategien erfolgreich umzusetzen.

Kapitel 2

Zielgruppenanalyse und Positionierung

In der Welt des Marketings ist es von entscheidender Bedeutung, seine Zielgruppe(n) genau zu kennen und sich darauf zu konzentrieren, um erfolgreich zu sein. Dies gilt insbesondere in der Reinigungsbranche, wo die Bedürfnisse und Anforderungen der Kunden oft sehr unterschiedlich sein können. Eine gründliche Zielgruppenanalyse und eine klare Positionierung sind daher unverzichtbare Schritte für Unternehmen, die erfolgreich Kunden gewinnen und ihre Marke aufbauen möchten.

Die Zielgruppenanalyse befasst sich mit der Identifizierung und dem Verständnis der demografischen Merkmale, Bedürfnisse, Vorlieben und Verhaltensweisen der potenziellen Kunden eines Unternehmens. Sie liefert wichtige Einblicke, die es dem Unternehmen ermöglichen, gezielt auf die Bedürfnisse seiner Zielgruppe einzugehen und maßgeschneiderte Marketingstrategien zu entwickeln.

Die Positionierung wiederum bezieht sich darauf, wie sich ein Unternehmen in den Köpfen seiner Kunden im Vergleich zur Konkurrenz positioniert. Eine klare Positionierung hilft dabei, sich von anderen Anbietern abzuheben, einen einzigartigen Mehrwert zu bieten und das Vertrauen der Kunden zu gewinnen.

In diesem Kapitel werden wir gemeinsam die Bedeutung der Zielgruppenanalyse und Positionierung für Unternehmen in der Reinigungsbranche erkunden. Wir werden herausfinden, wie eine gründliche Zielgruppenanalyse dazu beiträgt, die

Bedürfnisse und Anforderungen der Kunden besser zu verstehen, und wie eine klare Positionierung dabei hilft, sich von der Konkurrenz abzuheben und einen einzigartigen Mehrwert zu bieten.

Begleiten Sie uns auf dieser Reise, und lassen Sie uns gemeinsam entdecken, wie eine gezielte Zielgruppenanalyse und eine klare Positionierung Ihrem Reinigungsunternehmen dabei helfen können, erfolgreich Kunden zu gewinnen und eine starke Marke aufzubauen.

Kapitel 2.1

Identifizierung der Zielgruppe(n)
für Reinigungsunternehmen

Die Identifizierung der Zielgruppe ist ein entscheidender
Schritt für Reinigungsunternehmen, um ihre
Marketingstrategien gezielt auf die Bedürfnisse und
Anforderungen ihrer potenziellen Kunden auszurichten. Eine
gründliche Zielgruppenanalyse ermöglicht es Unternehmen,
ihre Marketingressourcen effektiv einzusetzen und eine starke
Verbindung zu ihren Kunden aufzubauen. In diesem Kapitel
werden wir uns damit befassen, wie Reinigungsunternehmen
ihre Zielgruppe(n) identifizieren können und welche Faktoren
dabei eine Rolle spielen.

Demografische Merkmale

Eine der ersten Überlegungen bei der Identifizierung der
Zielgruppe sind demografische Merkmale wie Alter,
Geschlecht, Einkommen, Beruf und Familienstand. Diese
Faktoren können entscheidend sein, um die Bedürfnisse und
Prioritäten der potenziellen Kunden zu verstehen und
entsprechende Marketingbotschaften zu entwickeln.

Beispiel: Ein Reinigungsunternehmen könnte feststellen, dass
seine Zielgruppe hauptsächlich aus berufstätigen Frauen
zwischen 30 und 50 Jahren besteht, die wenig Zeit für
Hausarbeit haben und bereit sind, für professionelle
Reinigungsdienste zu bezahlen.

Geografische Lage

Die geografische Lage ist ein weiterer wichtiger Faktor bei der Identifizierung der Zielgruppe. Unternehmen sollten analysieren, in welchen geografischen Gebieten sich ihre potenziellen Kunden befinden und wie sie diese am besten erreichen können. Dies kann sowohl lokale als auch regionale oder sogar nationale Märkte umfassen, je nach den Geschäftszielen und der Ausrichtung des Unternehmens.

Beispiel: Ein Reinigungsunternehmen, das sich auf die Büroreinigung spezialisiert hat, könnte seine Zielgruppe in erster Linie in einem bestimmten geografischen Gebiet um große Geschäftszentren oder Industrieparks identifizieren.

Bedürfnisse und Vorlieben

Die Identifizierung der Bedürfnisse und Vorlieben der Zielgruppe ist entscheidend, um maßgeschneiderte Dienstleistungen und Marketingbotschaften anzubieten. Unternehmen sollten untersuchen, welche Reinigungsbedürfnisse ihre potenziellen Kunden haben, welche Dienstleistungen sie bevorzugen und welche zusätzlichen Leistungen oder Extras sie schätzen würden.

Beispiel: Ein Reinigungsunternehmen könnte feststellen, dass seine Zielgruppe besonderen Wert auf umweltfreundliche Reinigungsprodukte legt und bereit ist, für einen umweltfreundlichen Reinigungsservice etwas mehr zu bezahlen.

Kaufverhalten und Entscheidungsprozesse

Ein Verständnis für das Kaufverhalten und die Entscheidungsprozesse der Zielgruppe ist unerlässlich, um effektive Marketingstrategien zu entwickeln. Unternehmen sollten herausfinden, wie ihre potenziellen Kunden Kaufentscheidungen treffen, welche Informationsquellen sie nutzen und welche Kriterien sie bei der Auswahl eines Reinigungsunternehmens berücksichtigen.

Beispiel: Ein Reinigungsunternehmen könnte feststellen, dass seine Zielgruppe dazu neigt, Empfehlungen von Freunden oder Online-Bewertungen zu vertrauen und sich aufgrund von positiven Erfahrungen mit einem Unternehmen für dessen Dienstleistungen zu entscheiden.

Nischenmärkte und Spezialisierungen

Schließlich sollten Unternehmen auch die Möglichkeit in Betracht ziehen, sich auf bestimmte Nischenmärkte oder Spezialisierungen zu konzentrieren, um ihre Zielgruppe weiter zu verfeinern und sich von der Konkurrenz abzuheben. Dies könnte beispielsweise die Reinigung von speziellen Objekten wie medizinischen Einrichtungen, Schulen oder Hotels umfassen.

Beispiel: Ein Reinigungsunternehmen könnte feststellen, dass es in einem bestimmten geografischen Gebiet eine hohe Nachfrage nach hochwertigen Reinigungsdienstleistungen für medizinische Einrichtungen gibt und sich daher auf diesen Nischenmarkt spezialisiert.

Kapitel 2.2

Segmentierung des Marktes und Identifizierung von Nischenmärkten

Die Segmentierung des Marktes und die Identifizierung von Nischenmärkten sind entscheidende Schritte für Reinigungsunternehmen, um ihre Zielgruppen effektiver anzusprechen und ihre Marketingstrategien zu optimieren. Dieses Kapitel beschäftigt sich damit, wie Unternehmen durch eine detaillierte Marktsegmentierung potenzielle Kunden besser erreichen und sich in spezialisierten Nischen erfolgreich positionieren können.

1. Grundlagen der Marktsegmentierung

Marktsegmentierung ist der Prozess der Aufteilung eines breiten Konsumenten- oder Geschäftsmarktes in Subgruppen von Konsumenten (bekannt als Segmente), die ähnlichen Bedürfnisse und Präferenzen aufweisen. Die Segmentierung kann basierend auf verschiedenen Kriterien erfolgen, darunter:

- **Demografische Merkmale:** Alter, Geschlecht, Einkommen, Bildungsstand.
- **Geografische Merkmale:** Stadt, Region, Klima.
- **Psychografische Merkmale:** Lebensstil, Werte, Persönlichkeitsmerkmale.
- **Verhaltensbezogene Merkmale:** Kaufgewohnheiten, Nutzungsrate, Markentreue.

2. Identifizierung von Nischenmärkten

Ein Nischenmarkt bezieht sich auf eine spezialisierte Marktgruppe, deren Bedürfnisse nicht vollständig durch die allgemeinen Angebote abgedeckt sind. Die Identifizierung von Nischenmärkten ermöglicht es Reinigungsunternehmen, spezifische Dienstleistungen anzubieten, die auf die besonderen Bedürfnisse und Wünsche dieser Gruppen zugeschnitten sind.

Beispiele für Nischenmärkte in der Reinigungsbranche:

• *Medizinische Einrichtungen:* Dieser Markt benötigt strengere Hygienestandards und spezielle Reinigungsprotokolle.

• *Luxushotels und Resorts:* Diese Einrichtungen verlangen hochwertige Reinigungsdienste, die das anspruchsvolle Ambiente und die Erwartungen ihrer Gäste unterstützen.

• *Grüne Reinigung:* Ein wachsender Markt, der sich auf umweltfreundliche Reinigungsprodukte und -methoden konzentriert.

3. Vorteile der Marktsegmentierung und Nischenidentifikation

➡ Zielgerichtete Marketingstrategien:

Durch Verstehen spezifischer Marktsegmente können Unternehmen maßgeschneiderte Marketingkampagnen entwickeln, die resonanter und effektiver sind.

➡ Erhöhte Wettbewerbsfähigkeit:

Unternehmen können sich in Nischenmärkten als führende Experten positionieren, was sie von der Konkurrenz abhebt.

➡ Bessere Ressourcennutzung:

Die Fokussierung auf bestimmte Segmente ermöglicht eine effizientere Nutzung von Marketingbudgets und Unternehmensressourcen.

4. Schritte zur Marktsegmentierung und Nischenfindung

1. Marktforschung durchführen:
Sammeln und analysieren von Daten über bestehende und potenzielle Kunden.

2. Segmente definieren:
Gruppieren von Kunden in Segmente basierend auf festgelegten Kriterien.

3. Bewertung der Segmente:
Bewertung der Attraktivität und des Potenzials jedes Segments.

4. Zielmarkt auswählen:
Auswahl der Segmente, die am besten zu den Stärken und Zielen des Unternehmens passen.

5. Positionierungsstrategie entwickeln:
Entwickeln einer Strategie, um das Unternehmen innerhalb der gewählten Segmente/Nischenmärkte zu positionieren.

Kapitel 2.3

Entwicklung einer starken Markenpositionierung

Die Entwicklung einer starken Markenpositionierung ist von zentraler Bedeutung für Reinigungsunternehmen, die sich in einem wettbewerbsintensiven Markt differenzieren und langfristig erfolgreich sein wollen. Dieses Kapitel behandelt die Schlüsselaspekte, die bei der Entwicklung einer effektiven Markenpositionierung berücksichtigt werden sollten, um sicherzustellen, dass ein Reinigungsunternehmen als vertrauenswürdiger, professioneller und wertvoller Anbieter wahrgenommen wird.

1. Definition der Markenpositionierung

Markenpositionierung ist der Prozess, durch den ein Unternehmen seine Marke in den Köpfen der Zielkunden definiert. Sie bezieht sich darauf, wie ein Unternehmen sich selbst in Bezug auf wichtige Attribute und Werte darstellt, die für seine Kunden von Bedeutung sind.

2. Schlüsselaspekte einer starken Markenpositionierung

➡ Einzigartigkeit:
Was macht Ihr Unternehmen einzigartig in der Branche? Identifizieren Sie Alleinstellungsmerkmale, die Ihr Unternehmen von der Konkurrenz abheben.

➡ Relevanz: Stellen Sie sicher, dass Ihre Markenbotschaften und -werte für die Zielgruppe relevant sind. Ihre Positionierung sollte die Bedürfnisse und Wünsche der Kunden ansprechen.

➡ Konsistenz:
Die Botschaften und das visuelle Erscheinungsbild der Marke sollten über alle Marketingkanäle und Kundenkontaktpunkte hinweg konsistent sein, um eine starke und wiedererkennbare Marke zu schaffen.

➡ Glaubwürdigkeit:
Ihre Markenversprechen müssen glaubwürdig und durch das tatsächliche Kundenerlebnis gedeckt sein. Das Vertrauen der Kunden gewinnt man am besten, indem man Versprechen hält.

3. Schritte zur Entwicklung einer Markenpositionierung

1. Marktforschung: Beginnen Sie mit einer detaillierten Analyse Ihrer Zielgruppe und der Wettbewerber. Verstehen Sie, was Kunden wertschätzen und wie sie derzeit Reinigungsunternehmen wahrnehmen.

2. Identifizierung von Differenzierungsmerkmalen:
Finden Sie heraus, was Ihr Unternehmen besonders macht. Dies könnte sich auf die Qualität der Dienstleistung, Kundenservice, technologische Innovationen oder spezielle Angebote beziehen.

3. Erstellung einer Positionierungsaussage:
Formulieren Sie eine klare und prägnante Aussage, die Ihre Zielgruppe, das Versprechen Ihrer Marke und die Gründe, warum Kunden Ihrer Marke vertrauen sollten, zusammenfasst.

4. Umsetzung der Positionierung:
Integrieren Sie Ihre Positionierungsaussage in alle Marketingmaterialien und -aktivitäten. Stellen Sie sicher, dass

alle Aspekte Ihres Unternehmens — von der Werbung bis zum Kundenservice — diese Aussage widerspiegeln.

5. Überprüfung und Anpassung:
Überwachen Sie die Effektivität Ihrer Positionierungsstrategie und passen Sie sie bei Bedarf an, um sie weiterhin relevant und effektiv zu halten.

4. Beispiele für erfolgreiche Markenpositionierung

Beispiel 1:
Ein Reinigungsunternehmen positioniert sich als führender Anbieter von umweltfreundlichen Reinigungslösungen, betont seine Verpflichtung zu Nachhaltigkeit und zieht Kunden an, die Wert auf Ökologie legen.

Beispiel 2:
Ein anderes Unternehmen könnte seine Schnelligkeit und Zuverlässigkeit in den Vordergrund stellen, ideal für geschäftige Büroumgebungen, die Wert auf minimale Unterbrechungen legen.

5. Bedeutung der visuellen Identität

Die visuelle Identität eines Unternehmens, einschließlich Logo, Farbschema und Typografie, spielt eine wichtige Rolle in der Markenpositionierung. Diese Elemente sollten die Kernwerte und das Versprechen der Marke visuell kommunizieren und auf die emotionale Resonanz der Zielgruppe abgestimmt sein.

Schlussfolgerung

Eine starke Markenpositionierung ermöglicht es Reinigungsunternehmen, sich klar von Wettbewerbern abzuheben und eine tiefe Verbindung mit ihren Zielkunden aufzubauen. Durch die strategische Ausrichtung ihrer Marke können Unternehmen nicht nur ihre Sichtbarkeit und ihren

Marktanteil erhöhen, sondern auch die Loyalität und das Engagement ihrer Kunden stärken.

Kapitel 3

Effektive Marketingstrategien für Reinigungsunternehmen

In einem hart umkämpften Markt wie der Reinigungsindustrie ist es entscheidend, durchdachte und effektive Marketingstrategien zu entwickeln. Diese Strategien müssen nicht nur die Aufmerksamkeit potenzieller Kunden erregen, sondern sie auch davon überzeugen, dass Ihr Unternehmen die beste Wahl für ihre Bedürfnisse ist. In diesem Kapitel werden wir die Vielfalt der Marketingstrategien erforschen, die Reinigungsunternehmen nutzen können, um ihre Sichtbarkeit zu erhöhen, ihre Markenpräsenz zu stärken und letztendlich mehr Kunden zu gewinnen.

Marketing für Reinigungsunternehmen geht über einfache Werbung hinaus; es umfasst eine Kombination aus Online- und Offline-Taktiken, die zusammenarbeiten, um eine kohärente und ansprechende Botschaft zu kommunizieren. Von traditionellen Methoden wie Printwerbung und Mundpropaganda bis hin zu digitalen Strategien wie Suchmaschinenoptimierung (SEO), Social Media Marketing und Content Marketing – jede Technik hat ihre eigenen Stärken und trägt auf einzigartige Weise zum Gesamterfolg bei.

Zudem ist es wichtig, dass Reinigungsunternehmen ihre Marketingstrategien regelmäßig überprüfen und anpassen, um auf Veränderungen in der Marktlandschaft und im Kundenverhalten zu reagieren. Durch die Implementierung einer flexiblen Marketingstrategie können Unternehmen nicht nur aktuelle, sondern auch zukünftige Kunden effektiver erreichen und binden.

In diesem Kapitel werden wir detailliert auf die verschiedenen Marketingstrategien eingehen, die Reinigungsunternehmen nutzen können, einschließlich der Vorteile und Herausforderungen jeder Methode. Wir werden auch praktische Beispiele und Fallstudien betrachten, die illustrieren, wie diese Strategien erfolgreich umgesetzt werden können, um das Unternehmenswachstum zu fördern und einen konkurrenzfähigen Vorteil zu erzielen.

Begleiten Sie mich, während wir die Welt des Marketings für Reinigungsunternehmen erkunden und die Werkzeuge und Techniken vorstellen, die notwendig sind, um in dieser dynamischen Branche erfolgreich zu sein.

Kapitel 3.1

Online-Marketing für Reinigungsunternehmen

In der heutigen digitalen Ära ist Online-Marketing ein entscheidendes Werkzeug für Reinigungsunternehmen, um neue Kunden zu erreichen und die Markenbindung zu stärken. Dieses Kapitel konzentriert sich auf drei Kernbereiche des Online-Marketings: Website-Optimierung, Suchmaschinenoptimierung (SEO) und Content-Marketing. Jeder dieser Bereiche spielt eine spezielle Rolle im Marketing-Mix und trägt dazu bei, die Sichtbarkeit und Attraktivität Ihres Unternehmens im Internet zu erhöhen.

Website-Optimierung

Die Website eines Unternehmens dient oft als erste Anlaufstelle für potenzielle Kunden. Eine gut optimierte Website kann den Unterschied ausmachen zwischen einem Besucher, der bleibt und konvertiert, und einem, der weiterzieht. Folgende Aspekte sind entscheidend:

➡ Benutzerfreundlichkeit:
Die Website sollte übersichtlich, leicht navigierbar und ansprechend gestaltet sein. Eine klare Struktur hilft Besuchern, schnell die Informationen zu finden, die sie benötigen.

➡ Responsive Design:
Die Website muss auf allen Geräten gut funktionieren, einschließlich Desktops, Tablets und Smartphones.

➡ Schnelle Ladezeiten:
Websites, die schnell laden, verbessern die Benutzererfahrung und werden von Suchmaschinen bevorzugt.

➠ Call-to-Action *(CTA)*:
Klare Handlungsaufforderungen, wie "*Jetzt anfragen*",
"*Angebot einholen*" oder "*Mehr erfahren*", sollten prominent
platziert werden, um Konversionen zu fördern.

Suchmaschinenoptimierung (SEO)

SEO ist der Prozess der Optimierung Ihrer Website, um ein
höheres Ranking in den Suchmaschinenergebnissen zu
erzielen. Dies führt zu mehr organischen Traffic und verbessert
die Sichtbarkeit Ihres Unternehmens. Wichtige SEO-Elemente
umfassen:

➠ Keyword-Optimierung:
Identifizieren und verwenden Sie Schlüsselwörter, die Ihre
potenziellen Kunden verwenden könnten, um Dienste wie Ihre
zu finden.

➠ On-Page-Optimierung:
Stellen Sie sicher, dass jede Seite Ihrer Website richtig getaggt
ist mit Titeln, Meta-Beschreibungen und Header-Tags.

➠ Backlinks:
Generieren Sie Links von anderen seriösen Websites zu Ihrer
eigenen, was die Glaubwürdigkeit und das Ranking Ihrer Seite
erhöht.

➠ Lokales SEO:
Optimieren Sie Ihre Website für lokale Suchanfragen, was
besonders wichtig für Unternehmen ist, die lokale
Dienstleistungen anbieten.

Content-Marketing

Content-Marketing ist eine strategische Marketingtechnik, die
darauf abzielt, relevante und wertvolle Inhalte zu erstellen und
zu verteilen, um eine bestimmte Zielgruppe anzuziehen und zu

binden. Dies kann das Wachstum des Unternehmens durch folgende Aspekte fördern:

➡ Blogbeiträge:
Regelmäßige, informative Beiträge, die Themen rund um Reinigung und Pflege behandeln, können Vertrauen aufbauen und Ihre Expertise zeigen.

➡ Videos:
Erklärvideos, Demonstrationsvideos oder Kundenreferenzen können visuell ansprechend sein und Engagement fördern.

➡ Infografiken:
Komplexe Daten oder Anleitungen lassen sich durch Infografiken einfach und verständlich darstellen.

➡ Social Media Inhalte:
Regelmäßige Posts auf Plattformen wie Facebook, Instagram oder LinkedIn erhöhen die Sichtbarkeit und fördern die Interaktion mit Kunden.

Fazit

Effektives Online-Marketing kombiniert Website-Optimierung, SEO und Content-Marketing, um die Sichtbarkeit zu erhöhen, das Engagement zu verbessern und letztendlich die Kundengewinnung und -bindung zu steigern. Indem Reinigungsunternehmen diese Techniken umsetzen, können sie eine starke Online-Präsenz aufbauen, die ihre Marktposition festigt und nachhaltiges Wachstum fördert. In den folgenden Abschnitten dieses Kapitels werden wir weiter darauf eingehen, wie jedes dieser Elemente speziell implementiert und optimiert werden kann, um maximale Effektivität in der Online-Welt zu erreichen.

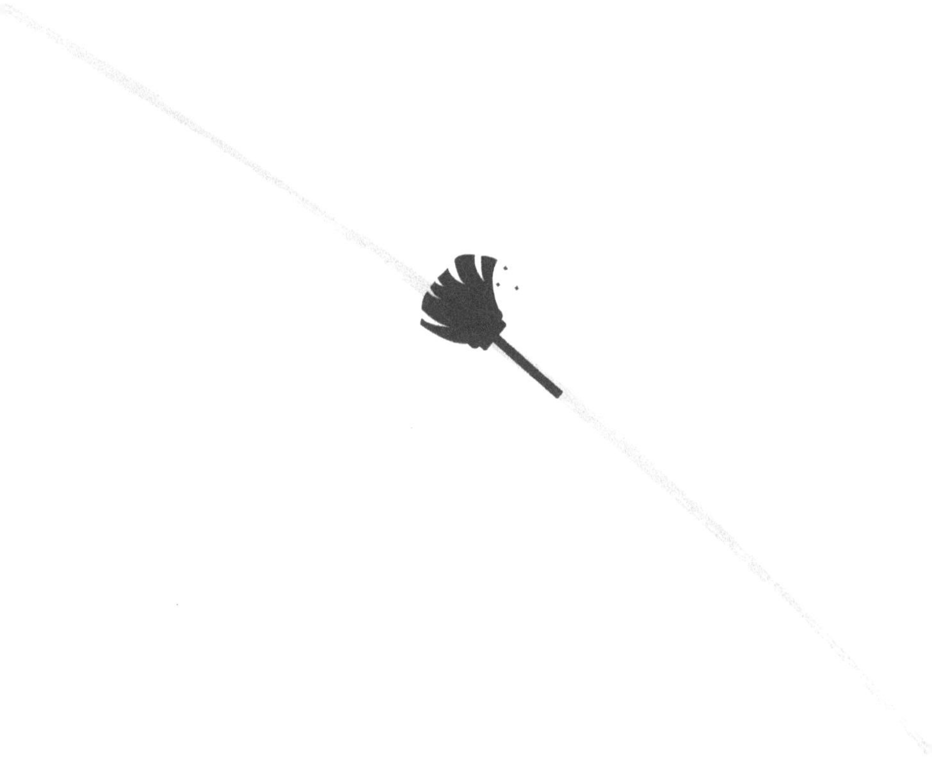

Kapitel 3.2

Social Media Marketing für Reinigungsunternehmen

In der modernen Geschäftswelt ist Social Media Marketing ein unverzichtbares Werkzeug, insbesondere für Dienstleistungsunternehmen wie Reinigungsbetriebe. Es ermöglicht Unternehmen, ihre Sichtbarkeit zu steigern, direkt mit Kunden zu interagieren und ihre Marke effektiv zu positionieren. Dieses Kapitel widmet sich der Nutzung von Social-Media-Plattformen wie Facebook, Instagram und LinkedIn, um diese Ziele zu erreichen.

Die Bedeutung von Social Media für Reinigungsunternehmen

Social Media bietet Reinigungsunternehmen eine Plattform, um:

- Sichtbarkeit zu erhöhen: Erreichen Sie Tausende von potenziellen Kunden mit geringen Kosten.

- Vertrauen aufzubauen: Teilen Sie Kundenfeedback und vorher-nachher Bilder von Reinigungsprojekten, um die Qualität Ihrer Dienstleistung zu demonstrieren.

- Direkte Kommunikation: Antworten Sie auf Kundenanfragen und -feedback, was die Kundenzufriedenheit und -bindung verbessert.

Effektive Strategien für verschiedene Plattformen

1. Facebook

◆ Zielgruppenengagement:

Nutzen Sie Facebook-Gruppen und Seiten, um Nischenpublikum wie lokale Gemeinschaftsgruppen oder Gruppen für Hausbesitzer zu erreichen.

◆ Bezahlte Werbung:

Schalten Sie gezielte Werbeanzeigen, um lokale Kunden basierend auf demografischen Merkmalen und Interessen zu erreichen.

◆ Regelmäßige Updates:

Posten Sie regelmäßig Updates, Tipps zur Reinigung und Sonderangebote, um die Nutzerbindung zu erhöhen.

2. Instagram

◆ Visuelles Marketing:

Teilen Sie hochwertige Bilder Ihrer Arbeit, insbesondere von beeindruckenden Reinigungsergebnissen.

◆ Stories und Live-Videos:

Nutzen Sie Instagram Stories und Live-Funktionen, um aktuelle Projekte oder spezielle Events zu teilen.

◆ Influencer Partnerschaften:

Arbeiten Sie mit lokalen Influencern zusammen, um Ihre Reichweite innerhalb der Zielgemeinde zu vergrößern.

3. LinkedIn

◆ Professionelle Vernetzung:

Vernetzen Sie sich mit anderen lokalen Unternehmen, die möglicherweise Bedarf an Reinigungsdienstleistungen haben.

◆ Content Marketing:

Veröffentlichen Sie Artikel und Beiträge, die Ihre Fachkenntnisse in der Reinigungsbranche hervorheben.

◆ Unternehmenskultur:

Teilen Sie Einblicke in Ihre Unternehmenskultur und Mitarbeiter, um Ihr Unternehmensimage zu stärken.

Messung des Erfolgs

Engagement-Raten: Überwachen Sie Likes, Kommentare und Shares, um zu beurteilen, wie interaktiv und ansprechend Ihre Inhalte sind.

Reichweite und Impressions: Messen Sie, wie weit Ihre Posts verbreitet werden und wie viele Personen sie sehen.

Konversionen: Verfolgen Sie, wie viele Website-Besuche, Anfragen oder Buchungen durch Social Media initiiert wurden.

Best Practices

➡ Konsistenz ist Schlüssel: Halten Sie einen regelmäßigen Posting-Zeitplan ein, um bei Ihren Followern präsent zu bleiben.

➡ Qualität vor Quantität: Priorisieren Sie hochwertige Inhalte, die Mehrwert bieten, über häufiges Posten minderwertiger Inhalte.

➡ Interaktion fördern: Ermutigen Sie zur Interaktion durch Fragen oder Call-to-Action-Aufforderungen in Ihren Posts.

Fazit

Social Media Marketing ist für Reinigungsunternehmen eine hervorragende Möglichkeit, ihre Marke zu präsentieren, Vertrauen aufzubauen und direkt mit Kunden zu kommunizieren. Indem Sie die spezifischen Stärken von Plattformen wie Facebook, Instagram und LinkedIn nutzen, können Sie eine umfassende Strategie entwickeln, die Ihre Sichtbarkeit steigert und letztendlich zu mehr Geschäft führt.

Kapitel 3.3

Offline-Marketing für Reinigungsunternehmen

Während digitale Marketingstrategien zunehmend im Vordergrund stehen, bleibt Offline-Marketing eine wirksame Methode, um lokale Kunden zu erreichen und persönliche Beziehungen aufzubauen. In diesem Kapitel werden wir die verschiedenen Aspekte des Offline-Marketings für Reinigungsunternehmen, einschließlich der Verwendung von Flyern, Broschüren, Networking und lokaler Werbung, untersuchen.

Flyer und Broschüren

Flyer und Broschüren sind kostengünstige Werkzeuge, um Ihr Reinigungsunternehmen in lokalen Gemeinden zu bewerben. Sie sind besonders wirksam, um spezielle Angebote oder Dienstleistungen zu bewerben.

➡ **Design und Inhalt:** Stellen Sie sicher, dass Ihre Flyer und Broschüren visuell ansprechend und informativ sind. Sie sollten klare Informationen über Ihre Dienstleistungen, Preise und Kontaktinformationen enthalten.

➡ **Verteilung:** Wählen Sie Orte für die Verteilung, wo Ihre Zielkunden sich häufig aufhalten, wie Supermärkte, lokale Geschäfte oder Gemeindezentren.

➡ **Tracking:** Integrieren Sie eine Methode zum Tracken des Erfolgs Ihrer Flyer und Broschüren, zum Beispiel durch spezielle Angebots-Codes.

Networking

Networking ist ein essentieller Bestandteil des Offline-Marketings, der direkte Beziehungen zu potenziellen Kunden und Geschäftspartnern ermöglicht.

➡ **Lokale Veranstaltungen:** Nehmen Sie an lokalen Veranstaltungen teil, wie Messen, Konferenzen und Geschäftstreffen, um Ihr Netzwerk zu erweitern.

➡ **Geschäftsbeziehungen:** Bauen Sie Beziehungen zu anderen lokalen Unternehmen auf, die komplementäre Dienste anbieten, wie Immobilienagenturen oder Baufirmen.

➡ **Community-Engagement:** Engagieren Sie sich in Ihrer Gemeinde durch Sponsoring von Veranstaltungen oder Teilnahme an gemeinnützigen Projekten, um das Image Ihres Unternehmens als verantwortungsbewusster Akteur in der lokalen Gemeinschaft zu stärken.

Lokale Werbung

Lokale Werbung kann Ihre Sichtbarkeit in der Region, in der Sie tätig sind, signifikant erhöhen.

➡ **Lokale Zeitungen und Magazine:** Schalten Sie Werbeanzeigen in lokalen Printmedien. Dies kann besonders effektiv sein in Gebieten, wo digitale Reichweite begrenzt ist.

➡ **Radio und lokale TV-Sender:** Überlegen Sie, Werbespots auf lokalen Radiostationen oder TV-Sendern zu schalten, um ein breiteres Publikum zu erreichen.

➡**Außenwerbung:** Investieren Sie in Außenwerbung wie Plakate oder Buswerbung, um Ihre Marke in der lokalen Umgebung präsent zu machen.

Erfolgsmessung

➡ **Kundenfeedback:** Sammeln Sie Feedback von Neukunden, wie sie auf Ihr Unternehmen aufmerksam geworden sind.

➡ **ROI-Analyse:** Messen Sie den Return on Investment Ihrer Offline-Marketingaktivitäten, um zu bestimmen, welche Taktiken am effektivsten sind.

Fazit

Offline-Marketing bleibt eine kraftvolle Strategie für Reinigungsunternehmen, um ihre lokale Präsenz zu festigen und direkte Beziehungen zu Kunden und Geschäftspartnern aufzubauen. Durch die Kombination von Flyer- und Broschürendistribution, aktivem Networking und gezielter lokaler Werbung können Reinigungsunternehmen eine starke Marke in ihrer Gemeinde aufbauen und ihr Geschäft ausweiten.

Kapitel 4

Der Aufbau einer starken Marke

Eine starke Marke ist das Fundament eines erfolgreichen Reinigungsunternehmens. Sie fungiert als Leitfaden für Ihre Geschäftsstrategie, beeinflusst die Wahrnehmung Ihrer Kunden und ermöglicht es Ihnen, sich in einem wettbewerbsintensiven Markt zu differenzieren. In diesem Kapitel werden wir uns eingehend mit dem Aufbau einer starken Marke befassen und die wesentlichen Elemente sowie bewährte Strategien zur Entwicklung und Pflege Ihrer Markenidentität erkunden.

Der Aufbau einer starken Marke erfordert ein ganzheitliches Verständnis Ihrer Zielkunden, Ihrer Unternehmenswerte und Ihrer Positionierung im Markt. Es geht darum, eine einzigartige Identität zu schaffen, die Ihre Kunden anspricht, Vertrauen aufbaut und langfristige Bindungen fördert. Dabei spielen verschiedene Faktoren eine Rolle, angefangen bei der Entwicklung einer klaren Markenbotschaft bis hin zur Gestaltung eines ansprechenden visuellen Erscheinungsbildes.

In diesem Kapitel werden wir die Bedeutung jedes einzelnen Elements einer starken Marke untersuchen und praktische Strategien vorstellen, die Ihnen helfen, Ihre Marke erfolgreich aufzubauen und zu stärken. Wir werden uns auch damit beschäftigen, wie Sie Ihre Marke im Laufe der Zeit pflegen und weiterentwickeln können, um den sich wandelnden Anforderungen des Marktes gerecht zu werden und langfristigen Erfolg zu sichern.

Der Aufbau einer starken Marke ist ein fortlaufender Prozess, der kontinuierliche Anpassungen und Innovationen erfordert. Indem Sie sich bewusst mit Ihrer Markenidentität auseinandersetzen und gezielt in deren Entwicklung investieren, legen Sie den Grundstein für eine erfolgreiche Zukunft Ihres Reinigungsunternehmens. In den folgenden Abschnitten werden wir uns detailliert mit den verschiedenen Aspekten des Markenaufbaus befassen und Ihnen praktische Tipps und Strategien an die Hand geben, um Ihre Marke zu stärken und langfristig zu etablieren.

Kapitel 4.1

Definition der Markenidentität: Mission, Vision, Werte

Die Definition der Markenidentität ist ein wesentlicher Schritt im Prozess des Markenaufbaus. Sie bildet das Fundament, auf dem Ihre Marke aufbaut, und dient als Leitfaden für Ihre Geschäftsstrategie, Ihre Kommunikation und Ihre Kundeninteraktion. Die Markenidentität umfasst drei zentrale Elemente: Mission, Vision und Werte. In diesem Kapitel werden wir uns ausführlich mit jedem dieser Elemente befassen und ihre Bedeutung für den Aufbau einer starken Marke erläutern.

1. Mission

Die Mission Ihres Reinigungsunternehmens definiert den Zweck und die grundlegende Ausrichtung Ihrer Marke. Sie beschreibt, warum Ihr Unternehmen existiert, welche Probleme es löst und welchen Nutzen es für Ihre Kunden und die Gesellschaft bietet. Die Mission sollte klar, prägnant und inspirierend formuliert sein und die Kernwerte und Ziele Ihres Unternehmens widerspiegeln.

Eine gut formulierte Mission hilft dabei, die Mitarbeiter zu motivieren, das Unternehmen auf Kurs zu halten und die strategischen Entscheidungen zu leiten. Sie sollte sowohl intern als auch extern kommuniziert werden, um das Verständnis und die Identifikation mit der Marke zu fördern.

2. Vision

Die Vision ist eine langfristige, inspirierende Darstellung dessen, was Ihr Reinigungsunternehmen erreichen möchte. Sie beschreibt das angestrebte Zukunftsbild und definiert die Ziele und Ambitionen, die Sie antreiben. Die Vision sollte herausfordernd, aber erreichbar sein und einen klaren Bezug zur Mission Ihres Unternehmens haben.

Eine starke Vision motiviert nicht nur Ihre Mitarbeiter, sondern auch Ihre Kunden und Geschäftspartner. Sie schafft ein gemeinsames Verständnis dafür, wohin sich das Unternehmen entwickeln möchte, und fungiert als Leitstern, der die strategische Ausrichtung und die Entscheidungsfindung lenkt.

3. Werte

Die Werte repräsentieren die Überzeugungen und Prinzipien, nach denen Ihr Reinigungsunternehmen handelt und seine Beziehungen zu Kunden, Mitarbeitern und der Gesellschaft gestaltet. Sie bilden die Grundlage für das Verhalten und die Kultur Ihres Unternehmens und prägen die Art und Weise, wie Sie Geschäfte führen.

Die Werte sollten authentisch sein und die Kernidentität Ihrer Marke widerspiegeln. Sie dienen als Richtschnur für Entscheidungen und Handlungen und tragen dazu bei, das Vertrauen und die Glaubwürdigkeit Ihrer Marke aufzubauen. Durch die klare Kommunikation und Verinnerlichung der Werte können Sie eine starke Unternehmenskultur schaffen und langfristige Beziehungen zu Kunden und Mitarbeitern aufbauen.

Die Definition der Markenidentität durch Mission, Vision und Werte ist ein entscheidender Schritt, um die Grundlage für den erfolgreichen Aufbau einer starken Marke zu legen. Indem Sie diese Elemente klar definieren und konsequent leben, können Sie Ihre Marke differenzieren, Vertrauen aufbauen und langfristige Bindungen zu Kunden und Mitarbeitern aufbauen.

In den folgenden Abschnitten werden wir uns damit beschäftigen, wie Sie diese Elemente effektiv in Ihre Markenstrategie integrieren und umsetzen können.

Kapitel 4.2

Gestaltung eines ansprechenden Firmenlogos
und Corporate Designs

Die visuelle Identität eines Unternehmens spielt eine
entscheidende Rolle bei der Schaffung eines
wiedererkennbaren und einprägsamen Markenauftritts. Das
Firmenlogo und das Corporate Design sind wichtige Elemente
dieser visuellen Identität und sollten sorgfältig gestaltet
werden, um die Werte, die Mission und die Persönlichkeit Ihrer
Marke optimal zu repräsentieren. In diesem Kapitel werden wir
uns ausführlich mit der Gestaltung eines ansprechenden
Firmenlogos und Corporate Designs befassen und bewährte
Praktiken für deren Umsetzung diskutieren.

1. Firmenlogo

Das Firmenlogo ist das zentrale grafische Element Ihrer Marke
und fungiert als visuelles Aushängeschild Ihres Unternehmens.
Ein erfolgreiches Logo ist einprägsam, vielseitig einsetzbar,
zeitlos und repräsentativ für Ihre Marke.

Elemente eines erfolgreichen Logos:
➡ **Einfachheit:** Ein gutes Logo sollte einfach und leicht zu
erkennen sein, auch in verschiedenen Größen und auf
unterschiedlichen Medien.

➡ **Einzigartigkeit**: Ihr Logo sollte sich von denen Ihrer
Wettbewerber abheben und einzigartig sein, um eine starke
Wiedererkennung zu gewährleisten.

➡ **Relevanz:** Das Logo sollte die Werte, die Branche und die
Persönlichkeit Ihres Unternehmens widerspiegeln und mit Ihrer
Zielgruppe in Resonanz stehen.

➡ **Skalierbarkeit:** Es sollte in verschiedenen Größen und auf verschiedenen Oberflächen gut funktionieren, von Visitenkarten bis zu Werbetafeln.

➡ **Zeitlosigkeit**: Ein gutes Logo sollte über die Zeit hinweg relevant bleiben und nicht durch vorübergehende Trends beeinflusst werden.

2. Corporate Design

Das Corporate Design umfasst alle visuellen Elemente, die die Identität und den Stil Ihrer Marke definieren und konsistent über alle Kommunikationskanäle hinweg angewendet werden sollten. Dazu gehören Farben, Schriftarten, Bildstile und Gestaltungsrichtlinien.

Elemente eines kohärenten Corporate Designs:

➡ **Farbpalette:** Die Auswahl einer geeigneten Farbpalette ist entscheidend für die visuelle Wahrnehmung Ihrer Marke. Die Farben sollten zur Persönlichkeit und den Werten Ihres Unternehmens passen und eine einheitliche Markenidentität schaffen.

➡ **Schriftarten:** Wählen Sie ein oder zwei Schriftarten aus, die gut lesbar und repräsentativ für Ihre Marke sind. Verwenden Sie sie konsistent in allen Ihren Kommunikationsmaterialien, um eine kohärente Markenästhetik zu gewährleisten.

➡ **Bildstile:** Definieren Sie Richtlinien für die Verwendung von Bildern und Grafiken, die zu Ihrer Marke passen und eine konsistente visuelle Sprache schaffen. Berücksichtigen Sie dabei Aspekte wie Bildkomposition, Bildbearbeitung und Bildauswahl.

➡ **Gestaltungsrichtlinien:** Erstellen Sie klare Gestaltungsrichtlinien, die die Verwendung von Logos, Farben, Schriftarten und anderen visuellen Elementen regeln. Diese

Richtlinien sollten für alle Mitarbeiter und externe Partner zugänglich sein und sicherstellen, dass Ihre Marke konsistent dargestellt wird.

Die Gestaltung eines ansprechenden Firmenlogos und Corporate Designs ist ein wichtiger Schritt beim Aufbau einer starken Markenidentität. Indem Sie sorgfältig auf die oben genannten Elemente achten und eine konsistente visuelle Sprache entwickeln, können Sie das Markenimage stärken, die Wiedererkennung verbessern und das Vertrauen Ihrer Kunden fördern. In den folgenden Abschnitten werden wir darauf eingehen, wie Sie Ihre visuelle Identität effektiv einsetzen und weiterentwickeln können.

Kapitel 4.3

Entwicklung einer konsistenten Markenbotschaft

Die Markenbotschaft ist die essenzielle Sprach- und Kommunikationsstrategie eines Unternehmens, um seine Identität, Werte und Angebote effektiv zu vermitteln. Eine konsistente Markenbotschaft ist entscheidend für den Aufbau und die Stärkung der Beziehung zu Ihren Kunden und trägt maßgeblich dazu bei, Ihre Marke im Gedächtnis zu verankern. In diesem Kapitel werden wir die Schritte zur Entwicklung einer konsistenten Markenbotschaft ausführlich behandeln.

1. Verständnis der Zielgruppe

Bevor Sie Ihre Markenbotschaft entwickeln, ist es wichtig, Ihre Zielgruppe genau zu kennen und zu verstehen. Analysieren Sie deren Bedürfnisse, Wünsche, Probleme und Einstellungen, um sicherzustellen, dass Ihre Botschaft relevant und ansprechend ist.

2. Definition Ihrer Markenwerte und -persönlichkeit

Identifizieren Sie die Kernwerte und die Persönlichkeit Ihrer Marke. Überlegen Sie, welche Eigenschaften Ihre Marke auszeichnen und wie Sie von Ihren Kunden wahrgenommen werden möchten. Diese Werte und Eigenschaften bilden die Basis Ihrer Markenbotschaft.

3. Festlegung Ihrer Alleinstellungsmerkmale (USP)

Bestimmen Sie, was Ihre Marke einzigartig macht und warum Kunden sich für Ihr Unternehmen entscheiden sollten. Ihre

Alleinstellungsmerkmale sollten klar und überzeugend in Ihrer Markenbotschaft kommuniziert werden.

4. Entwicklung Ihrer Kernbotschaft

Basierend auf Ihren Zielgruppen, Markenwerten und Alleinstellungsmerkmalen können Sie nun Ihre Kernbotschaft entwickeln. Diese sollte prägnant, einprägsam und relevant für Ihre Zielgruppe sein. Sie sollte auch Ihre Werte und Ihre Persönlichkeit widerspiegeln.

5. Schaffung von verschiedenen Botschaften für verschiedene Kanäle

Berücksichtigen Sie die unterschiedlichen Kommunikationskanäle, die Sie nutzen, um Ihre Botschaft zu verbreiten. Passen Sie Ihre Botschaft entsprechend an die jeweiligen Kanäle an, während Sie die Konsistenz Ihrer Markenbotschaft beibehalten.

6. Integration Ihrer Markenbotschaft in alle Kommunikationsmaterialien

Stellen Sie sicher, dass Ihre Markenbotschaft in allen Kommunikationsmaterialien Ihres Unternehmens präsent ist, sei es auf Ihrer Website, in Werbeanzeigen, auf Social-Media-Plattformen oder in gedruckten Broschüren. Eine konsistente Präsenz Ihrer Botschaft stärkt das Markenimage und die Wiedererkennung.

7. Kontinuierliche Überprüfung und Anpassung

Überwachen Sie die Reaktionen Ihrer Zielgruppe auf Ihre Markenbotschaft und passen Sie sie bei Bedarf an. Die Bedürfnisse und Vorlieben Ihrer Zielgruppe können sich im Laufe der Zeit ändern, daher ist es wichtig, Ihre Botschaft kontinuierlich zu überprüfen und anzupassen.

Eine konsistente Markenbotschaft ist ein entscheidender Bestandteil einer erfolgreichen Markenstrategie. Durch die klare Kommunikation Ihrer Werte, Persönlichkeit und Alleinstellungsmerkmale können Sie das Vertrauen Ihrer Kunden gewinnen, die Markenloyalität fördern und langfristige Beziehungen aufbauen. In den folgenden Abschnitten werden wir darauf eingehen, wie Sie Ihre Markenbotschaft effektiv verbreiten und mit Ihren Kunden interagieren können.

Kapitel 5

Kundenbindung und -pflege

Die Kundenbindung und -pflege sind fundamentale Bestandteile einer erfolgreichen Geschäftsstrategie. In diesem Kapitel werden wir uns ausführlich mit verschiedenen Ansätzen und Methoden beschäftigen, wie Sie langfristige Beziehungen zu Ihren Kunden aufbauen, stärken und pflegen können.

Die Bedeutung der Kundenbindung kann nicht genug betont werden. In einer Zeit, in der die Konkurrenz in nahezu allen Branchen intensiver wird, ist es entscheidend, Kunden langfristig an Ihr Unternehmen zu binden. Eine starke Kundenbindung führt nicht nur zu wiederkehrenden Umsätzen, sondern auch zu positiven Empfehlungen und einem positiven Image für Ihr Unternehmen.

In diesem Kapitel werden wir uns mit verschiedenen Aspekten der Kundenbindung und -pflege befassen. Wir werden uns damit beschäftigen, wie Sie das Vertrauen Ihrer Kunden gewinnen, wie Sie deren Loyalität stärken und wie Sie langfristige Beziehungen aufbauen können. Darüber hinaus werden wir auch auf die Bedeutung von Kundenservice, Kundenfeedback und Kundenbindungsmethoden eingehen, die speziell auf die Bedürfnisse und Wünsche Ihrer Zielgruppe zugeschnitten sind.
Die Implementierung effektiver Kundenbindung und -pflegestrategien erfordert eine umfassende Analyse Ihrer Zielgruppe, eine klare Kommunikation Ihrer Werte und Angebote sowie einen kontinuierlichen Dialog mit Ihren Kunden. Indem Sie sich aktiv um die Bedürfnisse und Anliegen Ihrer Kunden kümmern und ihnen einen Mehrwert bieten, können Sie eine starke Bindung aufbauen, die Ihr Unternehmen langfristig erfolgreich macht.

In den folgenden Abschnitten werden wir detailliert darauf eingehen, wie Sie Kundenbindung und -pflege in verschiedenen Phasen des Kundenlebenszyklus umsetzen können, angefangen bei der Neukundengewinnung bis hin zur langfristigen Bindung und Wiederholungskäufen. Wir werden auch auf bewährte Praktiken, Fallstudien und praktische Tipps eingehen, die Ihnen dabei helfen, Ihre Kundenbindung und -pflegestrategien zu optimieren und das volle Potenzial Ihrer Kundenbeziehungen auszuschöpfen.

Kapitel 5.1

Bedeutung von Kundenservice und -zufriedenheit
in der Reinigungsbranche

Kundenservice und Kundenzufriedenheit sind in der
Reinigungsbranche von entscheidender Bedeutung. Als
Dienstleistungsunternehmen, das eng mit Kunden
zusammenarbeitet, ist es unerlässlich, einen herausragenden
Kundenservice anzubieten und sicherzustellen, dass Ihre
Kunden mit Ihren Dienstleistungen zufrieden sind. In diesem
Kapitel werden wir die Bedeutung von Kundenservice und
-zufriedenheit in der Reinigungsbranche genauer betrachten
und bewährte Praktiken für die Bereitstellung eines exzellenten
Kundenservice diskutieren.

Die Bedeutung von Kundenservice:

1.Vertrauen und Glaubwürdigkeit:
Ein exzellenter Kundenservice baut Vertrauen zwischen Ihrem
Unternehmen und Ihren Kunden auf. Wenn Kunden das Gefühl
haben, dass ihre Bedürfnisse ernst genommen und effektiv
angegangen werden, entwickeln sie ein Gefühl der Loyalität
und Verbundenheit mit Ihrer Marke.

2.Kundenbindung und Empfehlungen: Durch erstklassigen
Kundenservice können Sie die Kundenbindung stärken und
Kunden dazu ermutigen, Ihr Unternehmen anderen
weiterzuempfehlen. Zufriedene Kunden sind eher bereit,
positive Erfahrungen mit Ihrem Unternehmen zu teilen und
potenzielle Kunden zu gewinnen.

3.Differenzierung vom Wettbewerb:

In einem Markt, der oft von ähnlichen Dienstleistungen geprägt ist, kann exzellenter Kundenservice zu einem wichtigen Differenzierungsmerkmal werden. Wenn Kunden eine positive Erfahrung mit Ihrem Kundenservice machen, werden sie sich eher für Ihr Unternehmen entscheiden, auch wenn Ihre Preise möglicherweise etwas höher sind als die Ihrer Konkurrenten.

Best Practices für herausragenden Kundenservice

1. Schnelle Reaktionszeiten:
Kunden erwarten schnelle und effiziente Lösungen für ihre Anliegen. Stellen Sie sicher, dass Sie auf Anfragen und Beschwerden Ihrer Kunden zeitnah reagieren, um deren Zufriedenheit sicherzustellen.

2. Klare Kommunikation:
Kommunizieren Sie klar und verständlich mit Ihren Kunden. Geben Sie klare Anweisungen, bieten Sie relevante Informationen und halten Sie Ihre Kunden über den Stand ihrer Reinigungsprojekte auf dem Laufenden.

3. Einfühlungsvermögen und Lösungsorientierung:
Zeigen Sie Einfühlungsvermögen für die Bedürfnisse Ihrer Kunden und arbeiten Sie aktiv an Lösungen für ihre Probleme. Seien Sie flexibel und bemühen Sie sich, individuelle Kundenbedürfnisse zu erfüllen.

4. Qualifizierte Mitarbeiter:
Schulen Sie Ihre Mitarbeiter gründlich im Bereich des Kundenservice. Sorgen Sie dafür, dass sie über die notwendigen Fähigkeiten und Kenntnisse verfügen, um Kundenanliegen professionell und effektiv zu bearbeiten.

5. Feedback einholen und nutzen:
Bitten Sie regelmäßig um Feedback von Ihren Kunden und nutzen Sie dieses Feedback konstruktiv, um Ihre Kundenserviceprozesse kontinuierlich zu verbessern.

In der Reinigungsbranche ist ein herausragender Kundenservice nicht nur ein wichtiger Erfolgsfaktor, sondern auch ein wesentlicher Bestandteil Ihrer Markenidentität und Ihres Wettbewerbsvorteils. Durch die Implementierung bewährter Praktiken und die konsequente Ausrichtung auf die Bedürfnisse Ihrer Kunden können Sie langfristige Kundenbeziehungen aufbauen und Ihr Unternehmen erfolgreich positionieren.

Kapitel 5.2

Implementierung von Kundenbindungsprogrammen und -aktionen

Die Implementierung von Kundenbindungsprogrammen und -aktionen ist für Reinigungsunternehmen entscheidend, um langfristige Kundenbeziehungen aufzubauen und die Kundenzufriedenheit zu steigern. Diese Programme zielen darauf ab, Kunden zu belohnen, ihre Loyalität zu stärken und sie dazu zu ermutigen, regelmäßig Ihre Dienstleistungen in Anspruch zu nehmen. In diesem Kapitel werden wir die verschiedenen Arten von Kundenbindungsprogrammen und bewährte Praktiken für deren erfolgreiche Implementierung diskutieren.

Arten von Kundenbindungsprogrammen:

1. Treueprämien: Treueprämienprogramme belohnen Kunden für ihre wiederholten Einkäufe oder die Nutzung Ihrer Dienstleistungen. Kunden sammeln in der Regel Punkte oder Treuepunkte, die sie gegen Belohnungen wie Rabatte, kostenlose Reinigungsleistungen oder Geschenke einlösen können.

2. Kundenkarten: Kundenkarten bieten Kunden exklusive Vorteile und Rabatte, wenn sie Mitglied Ihres Kundenbindungsprogramms werden. Diese Karten können auch dazu verwendet werden, das Einkaufsverhalten der Kunden zu verfolgen und personalisierte Angebote bereitzustellen.

3. Referenzprogramme: Referenzprogramme belohnen Kunden dafür, wenn sie neue Kunden an Ihr Unternehmen verweisen. Kunden erhalten oft Belohnungen oder Rabatte, wenn sie erfolgreich Freunde, Familie oder Kollegen dazu bringen, Ihre Dienstleistungen in Anspruch zu nehmen.

4. Geburtstags- und Jubiläumsangebote: Geburtstags- und Jubiläumsangebote sind eine Möglichkeit, Kunden zu zeigen, dass Sie ihre Treue schätzen. Sie können Ihren Kunden zum Beispiel spezielle Rabatte oder kostenlose Zusatzleistungen zu ihrem Geburtstag oder dem Jahrestag ihrer Kundenbeziehung anbieten.

Bewährte Praktiken für die Implementierung von Kundenbindungsprogrammen

1. Klare Kommunikation: Stellen Sie sicher, dass Ihre Kundenbindungsprogramme klar kommuniziert werden, damit Ihre Kunden verstehen, wie sie daran teilnehmen können und welche Vorteile sie erhalten.

2. Personalisierung: Passen Sie Ihre Kundenbindungsprogramme an die Bedürfnisse und Vorlieben Ihrer Kunden an. Bieten Sie personalisierte Angebote und Belohnungen, um die Kundenbindung zu stärken.

3. Einfache Teilnahmebedingungen: Halten Sie die Teilnahmebedingungen für Ihre Kundenbindungsprogramme einfach und leicht verständlich. Vermeiden Sie komplizierte Anmeldeverfahren oder Einschränkungen, die Kunden abschrecken könnten.

4. Regelmäßige Aktualisierungen und Anreize: Aktualisieren Sie Ihre Kundenbindungsprogramme regelmäßig und bieten Sie immer wieder neue Anreize, um die Kundenmotivation aufrechtzuerhalten und die Teilnahme zu fördern.

5. Analyse und Optimierung: Analysieren Sie regelmäßig die Leistung Ihrer Kundenbindungsprogramme und optimieren Sie diese basierend auf den Rückmeldungen Ihrer Kunden und den gesammelten Daten.

Die Implementierung von Kundenbindungsprogrammen und -aktionen ist ein effektiver Weg, um die Kundenbindung zu stärken, die Kundenloyalität zu fördern und das Wachstum Ihres Reinigungsunternehmens voranzutreiben. Indem Sie auf die Bedürfnisse Ihrer Kunden eingehen und ihnen attraktive Vorteile und Belohnungen bieten, können Sie langfristige Kundenbeziehungen aufbauen und Ihren Unternehmenserfolg nachhaltig steigern.

Kapitel 5.3

Nutzung von Feedback und Bewertungen zur
Verbesserung des Services

Die Nutzung von Feedback und Bewertungen ist für
Reinigungsunternehmen von entscheidender Bedeutung, um
ihren Service kontinuierlich zu verbessern, Kundenbedürfnisse
zu verstehen und die Kundenzufriedenheit zu steigern. In
diesem Kapitel werden wir die Bedeutung von Feedback und
Bewertungen erläutern und bewährte Methoden für ihre
effektive Nutzung diskutieren.

Warum ist Feedback wichtig?

1. Kundenorientierung: Feedback ermöglicht es Ihnen, die
Bedürfnisse und Erwartungen Ihrer Kunden besser zu
verstehen und Ihre Dienstleistungen entsprechend anzupassen.

2. Qualitätsverbesserung: Durch das Sammeln von Feedback
können Sie Schwachstellen in Ihrem Service identifizieren und
gezielte Maßnahmen zur Verbesserung ergreifen.

3. Kundenbindung: Indem Sie auf das Feedback Ihrer Kunden
eingehen und ihre Anliegen ernst nehmen, stärken Sie die
Kundenbindung und zeigen, dass Sie ihre Meinung schätzen.

4. Wettbewerbsvorteil: Unternehmen, die aktiv auf Feedback
reagieren und kontinuierlich an der Verbesserung ihres Services
arbeiten, können sich positiv von der Konkurrenz abheben und
das Vertrauen der Kunden gewinnen.

Bewährte Methoden für die Nutzung von Feedback und Bewertungen:

Aktive Feedback-Erfassung:
Bitten Sie Ihre Kunden aktiv um Feedback, sei es durch persönliche Gespräche, Feedback-Formulare oder Umfragen per E-Mail. Stellen Sie sicher, dass die Feedback-Mechanismen einfach und benutzerfreundlich sind, um eine hohe Beteiligung zu gewährleisten.

Echtzeit-Rückmeldungen:
Implementieren Sie Mechanismen für Echtzeit-Rückmeldungen, z. B. durch die Nutzung von QR-Codes auf Ihren Reinigungsquittungen oder die Integration von Feedback-Optionen in Ihre Online-Plattformen. Auf diese Weise können Kunden sofort ihre Meinung äußern, wenn sie den Service in Anspruch nehmen.

Feedback-Analyse:
Analysieren Sie das gesammelte Feedback systematisch, um Trends und Muster zu identifizieren. Achten Sie auf wiederkehrende Probleme oder positive Rückmeldungen und leiten Sie entsprechende Maßnahmen zur Verbesserung oder Aufrechterhaltung der Qualität ab.

Reaktion und Kommunikation:
Reagieren Sie zeitnah auf das Feedback Ihrer Kunden und zeigen Sie, dass Sie ihre Meinung ernst nehmen. Kommunizieren Sie transparent über die ergriffenen Maßnahmen zur Problemlösung oder die Umsetzung von Verbesserungsvorschlägen.

Bewertungsmanagement:
Überwachen Sie aktiv Online-Bewertungen und Rezensionen auf Plattformen wie Google oder Facebook. Fordern Sie zufriedene Kunden dazu auf, positive Bewertungen zu hinterlassen, und reagieren Sie professionell auf negative

Bewertungen, indem Sie konstruktives Feedback nutzen, um Ihren Service zu verbessern.

Die effektive Nutzung von Feedback und Bewertungen ist ein wichtiger Bestandteil einer erfolgreichen Kundenbindungsstrategie für Reinigungsunternehmen. Indem Sie Feedback als wertvolle Informationsquelle betrachten und proaktiv auf die Anliegen Ihrer Kunden eingehen, können Sie die Servicequalität kontinuierlich verbessern, Kundenloyalität aufbauen und langfristigen Unternehmenserfolg sichern.

Kapitel 6

Fallstudien und Erfolgsgeschichten

Fallstudien und Erfolgsgeschichten bieten wertvolle Einblicke in die praktische Anwendung von Strategien und Techniken im Bereich des Reinigungsgewerbes. In diesem Kapitel werden wir eine Auswahl von Fallstudien und Erfolgsgeschichten präsentieren, die zeigen, wie Unternehmen in der Reinigungsbranche erfolgreich Marketingstrategien umgesetzt haben, Kundenbindung aufgebaut haben und ihre Markenposition gestärkt haben.

Diese Fallstudien werden verschiedene Aspekte des Reinigungsgeschäfts abdecken, darunter die Segmentierung des Marktes, die Nutzung von Online- und Offline-Marketingstrategien, die Entwicklung einer starken Markenidentität, die Implementierung von Kundenbindungsprogrammen und vieles mehr. Durch die Analyse realer Beispiele können Leserinnen und Leser wertvolle Erkenntnisse gewinnen, die ihnen helfen, ihre eigenen Geschäftspraktiken zu verbessern und erfolgreichere Strategien zu entwickeln.

Jede Fallstudie wird detailliert beschreiben, welches Problem das Unternehmen hatte, welche Strategie es angewendet hat, um das Problem zu lösen, welche Ergebnisse erzielt wurden und welche Lehren daraus gezogen werden können. Durch die Präsentation dieser Fallstudien streben wir danach, konkrete Anregungen und Inspirationen zu liefern, die Reinigungsunternehmen dabei unterstützen, ihre Ziele zu erreichen und langfristigen Erfolg zu sichern.

Bleiben Sie gespannt auf die faszinierenden Fallstudien und Erfolgsgeschichten, die in diesem Kapitel präsentiert werden, und lassen Sie sich von den innovativen Ansätzen und bewährten Methoden anderer Unternehmen inspirieren.

Kapitel 6.1

Praktische Beispiele erfolgreicher Kundengewinnungs- und Markenaufbaumaßnahmen in der Reinigungsbranche

Die Reinigungsbranche ist vielfältig und bietet zahlreiche Möglichkeiten für erfolgreiche Marketingstrategien und den Aufbau starker Marken. Im Folgenden präsentieren wir eine Auswahl von acht praktischen Beispielen aus verschiedenen Reinigungsbereichen, die erfolgreiche Kundengewinnungs- und Markenaufbaumaßnahmen umfassen.

Beispiel 1: Hotelreinigung

Herausforderung:
Ein Reinigungsunternehmen spezialisiert sich auf die Reinigung von Hotels und steht vor der Herausforderung, in einem wettbewerbsintensiven Markt Fuß zu fassen.

Strategie:
Das Unternehmen investiert in personalisierte Reinigungsdienste, die den individuellen Bedürfnissen der Hotels entsprechen. Durch Schulungen der Mitarbeiter in erstklassigem Kundenservice und effizienter Reinigungstechniken differenziert es sich von Wettbewerbern.

Erfolgsgeschichte:
Das Unternehmen gewann den Zuschlag für die Reinigung eines renommierten Fünf-Sterne-Hotels in der Innenstadt. Durch die Bereitstellung herausragender Reinigungsdienste und die schnelle Reaktion auf Kundenanfragen konnte es die Kundenzufriedenheit steigern und Empfehlungen von zufriedenen Kunden erhalten.

Ergebnis:
Dank seiner erfolgreichen Leistung im Hotelbereich konnte das Unternehmen seinen Kundenstamm erweitern und Verträge mit mehreren führenden Hotelketten abschließen. Die Marke wird nun als Synonym für erstklassigen Service und Professionalität wahrgenommen.

Beispiel 2: Büroreinigung

Herausforderung:
Ein Reinigungsunternehmen möchte seine Dienstleistungen im Bereich der Büroreinigung ausbauen und neue Kunden gewinnen.

Strategie:
Es bietet spezielle Pakete für Büroreinigungsdienste an, die flexible Zeitpläne, umweltfreundliche Reinigungsmittel und maßgeschneiderte Lösungen für verschiedene Bürogrößen umfassen. Zudem werden kostenlose Probereinigungen angeboten, um potenzielle Kunden von der Qualität zu überzeugen.

Erfolgsgeschichte:
Nachdem das Unternehmen kostenlose Probereinigungen für mehrere Bürokomplexe durchgeführt hatte, gewann es den Zuschlag für die Reinigung eines großen Bürogebäudes in der Innenstadt. Die effiziente Reinigung und der erstklassige Kundenservice führten zu positivem Feedback und Empfehlungen innerhalb des Geschäftsviertels.

Ergebnis:
Das Unternehmen konnte seine Präsenz im Büroreinigungsmarkt deutlich ausbauen und langfristige Verträge mit mehreren Unternehmen abschließen. Die Marke wird nun als zuverlässiger Partner für Büroreinigungsdienste geschätzt.

Beispiel 3: Spezialisierte Reinigungsdienste

Herausforderung:
Ein Unternehmen bietet spezialisierte Reinigungsdienste für Krankenhäuser und medizinische Einrichtungen an und möchte seine Marktpräsenz erhöhen.

Strategie:
Es nutzt gezieltes Content-Marketing, um sein Fachwissen in der Reinigung von medizinischen Umgebungen zu demonstrieren. Dies umfasst informative Blogbeiträge, Fallstudien und Videos, die die Bedeutung einer gründlichen Reinigung in sensiblen Bereichen hervorheben.

Erfolgsgeschichte:
Nachdem das Unternehmen eine Reihe von informativen Blogbeiträgen über die Herausforderungen der Reinigung in medizinischen Einrichtungen veröffentlicht hatte, wurde es von einem regionalen Krankenhaus kontaktiert, um seine Dienste in Anspruch zu nehmen. Das Krankenhaus war beeindruckt von der Fachkenntnis des Unternehmens und der Verpflichtung zur Einhaltung strenger Hygienestandards.

Ergebnis:
Das Unternehmen gewann den Zuschlag für die Reinigung des Krankenhauses und konnte seine Dienstleistungen später auf weitere medizinische Einrichtungen ausweiten. Die Marke wird nun als vertrauenswürdiger Experte für die Reinigung von Gesundheitseinrichtungen anerkannt.

Diese Beispiele verdeutlichen, wie Reinigungsunternehmen durch gezielte Marketingstrategien, maßgeschneiderte Dienstleistungen und einen klaren Fokus auf Qualität und Kundenbedürfnisse erfolgreich sein können. Indem sie sich auf spezifische Nischenmärkte konzentrieren und ihre Markenidentität stärken, können sie langfristige Kundenbindungen aufbauen und nachhaltigen Erfolg erzielen.

Kapitel 7

Tipps und Tricks für langfristigen Erfolg

Langfristiger Erfolg in der Reinigungsbranche erfordert nicht nur eine effektive Marketingstrategie und exzellente Dienstleistungen, sondern auch kontinuierliche Anpassung an sich wandelnde Marktanforderungen und Kundenbedürfnisse. In diesem Kapitel werden verschiedene Tipps und Tricks vorgestellt, die Reinigungsunternehmen dabei unterstützen, langfristigen Erfolg zu erzielen und sich in einem zunehmend wettbewerbsintensiven Umfeld zu behaupten. Von der Kundenbindung über die Mitarbeitermotivation bis hin zur Investition in innovative Technologien werden bewährte Praktiken und strategische Ansätze untersucht, die Reinigungsunternehmen dabei unterstützen, langfristig zu florieren und ihre Position in der Branche zu stärken.

Kapitel 7.1

Investition in Weiterbildung und Entwicklung
von Mitarbeiterfähigkeiten

Die Mitarbeiter sind das Rückgrat jedes Reinigungsunternehmens. Ihre Fähigkeiten, ihr Engagement und ihre Professionalität beeinflussen direkt die Qualität der Dienstleistungen und das Kundenerlebnis. Daher ist es für Reinigungsunternehmen entscheidend, in die Weiterbildung und Entwicklung ihrer Mitarbeiter zu investieren. In diesem Kapitel werden die Bedeutung dieser Investitionen sowie bewährte Strategien zur Förderung von Mitarbeiterfähigkeiten erläutert.

Bedeutung von Weiterbildung und Entwicklung

Qualitätsverbesserung:
Durch Schulungen und Weiterbildungsmaßnahmen können Mitarbeiter ihre Fähigkeiten und Kenntnisse verbessern, was zu einer höheren Qualität der erbrachten Dienstleistungen führt.

Kundenzufriedenheit:
Gut geschulte Mitarbeiter sind in der Lage, den individuellen Bedürfnissen der Kunden besser gerecht zu werden und ein überlegenes Kundenerlebnis zu bieten.

Effizienzsteigerung:
Durch effektive Schulungen können Arbeitsabläufe optimiert und die Produktivität gesteigert werden, was wiederum zu Kosteneinsparungen und einer besseren Rentabilität führt.

Motivation und Mitarbeiterbindung:

Die Investition in die Weiterbildung zeigt den Mitarbeitern, dass das Unternehmen an ihrer beruflichen Entwicklung interessiert ist, was die Motivation steigert und die Mitarbeiterbindung erhöht.

Strategien zur Förderung von Mitarbeiterfähigkeiten

Bedarfsanalyse:
Beginnen Sie mit einer gründlichen Analyse der Fähigkeiten und des Schulungsbedarfs Ihrer Mitarbeiter. Identifizieren Sie Bereiche, in denen Schulungen erforderlich sind, um die Unternehmensziele zu erreichen.

Maßgeschneiderte Schulungsprogramme:
Entwickeln Sie maßgeschneiderte Schulungsprogramme, die auf die spezifischen Anforderungen und Ziele Ihres Unternehmens zugeschnitten sind. Berücksichtigen Sie dabei sowohl fachliche als auch soft skills.

Interne Schulungen:
Nutzen Sie das interne Know-how, um Schulungen durch erfahrene Mitarbeiter oder externe Trainer durchzuführen. Dies fördert den Wissenstransfer innerhalb des Unternehmens und stärkt das Teamgefühl.

Externe Schulungen:
Ergänzen Sie interne Schulungen durch externe Weiterbildungsangebote, wie z.B. Seminare, Workshops oder Zertifizierungsprogramme. Dies ermöglicht es den Mitarbeitern, von externem Know-how und Best Practices zu profitieren.

Feedback und Evaluation:
Sammeln Sie regelmäßig Feedback von Mitarbeitern und Vorgesetzten, um die Effektivität der Schulungsmaßnahmen zu bewerten und bei Bedarf Anpassungen vorzunehmen.

Anreize und Anerkennung:

Belohnen Sie Mitarbeiter, die sich aktiv an Schulungsmaßnahmen beteiligen und ihr Wissen und ihre Fähigkeiten verbessern. Dies kann durch finanzielle Anreize, Beförderungen oder öffentliche Anerkennung erfolgen.

Fazit

Die Investition in die Weiterbildung und Entwicklung von Mitarbeiterfähigkeiten ist ein wesentlicher Bestandteil einer erfolgreichen Unternehmensstrategie in der Reinigungsbranche. Indem Unternehmen ihren Mitarbeitern die Möglichkeit bieten, sich kontinuierlich weiterzuentwickeln und zu verbessern, können sie die Qualität ihrer Dienstleistungen steigern, die Kundenzufriedenheit erhöhen und langfristigen Erfolg sichern.

Kapitel 7.3

Ausblick auf zukünftige Trends und Entwicklungen in der Reinigungsbranche

Die Reinigungsbranche ist ständig im Wandel, angetrieben von technologischen Innovationen, sich verändernden Verbrauchererwartungen und neuen Umwelt- und Gesundheitsstandards. Ein Blick in die Zukunft der Branche zeigt eine Vielzahl von Trends und Entwicklungen, die Unternehmen berücksichtigen sollten, um wettbewerbsfähig zu bleiben und erfolgreich zu sein.

Nachhaltigkeit und Umweltbewusstsein

Immer mehr Kunden legen Wert auf umweltfreundliche Reinigungsmethoden und Produkte. Zukünftige Trends werden daher eine verstärkte Nachfrage nach nachhaltigen Reinigungslösungen und die Entwicklung innovativer, umweltfreundlicher Reinigungstechnologien umfassen. Unternehmen, die frühzeitig auf diesen Trend reagieren und ihr Angebot entsprechend anpassen, können sich einen Wettbewerbsvorteil sichern.

Digitalisierung und Automatisierung

Die Digitalisierung wird weiterhin eine zentrale Rolle in der Reinigungsbranche spielen, wobei automatisierte Reinigungsprozesse und intelligente Reinigungsgeräte zunehmend verbreitet sein werden. Von IoT-fähigen Reinigungsrobotern bis hin zu cloudbasierten Reinigungsmanagement-Plattformen werden technologische Innovationen die Effizienz steigern und die Kosten senken.

Personalisierte Dienstleistungen

Kunden erwarten zunehmend maßgeschneiderte Reinigungsdienstleistungen, die ihren individuellen Bedürfnissen und Zeitplänen entsprechen. Unternehmen werden daher verstärkt auf flexible Reinigungspläne und personalisierte Serviceangebote setzen müssen, um die Kundenzufriedenheit zu steigern und langfristige Kundenbeziehungen aufzubauen.

Gesundheits- und Hygienestandards

Die COVID-19-Pandemie hat das Bewusstsein für Gesundheit und Hygiene geschärft und die Erwartungen der Kunden an saubere und hygienische Umgebungen erhöht. Zukünftige Trends werden eine verstärkte Nachfrage nach Desinfektionsdienstleistungen, kontaktlosen Reinigungslösungen und strengeren Reinigungsprotokollen umfassen, um die Verbreitung von Krankheiten zu minimieren.

Integration von KI und Big Data

Die Integration von künstlicher Intelligenz (KI) und Big Data-Analyse wird die Reinigungsbranche revolutionieren, indem sie Unternehmen dabei unterstützt, präzisere Vorhersagen zu treffen, Ressourcen effizienter einzusetzen und personalisierte Reinigungslösungen anzubieten. Von Predictive Maintenance für Reinigungsgeräte bis hin zur Analyse von Kundenfeedback für die kontinuierliche Verbesserung der Dienstleistungen werden KI und Big Data die Effizienz und Qualität der Reinigungsdienstleistungen verbessern.

Fazit

Die Zukunft der Reinigungsbranche wird von einer Vielzahl von Trends und Entwicklungen geprägt sein, die Unternehmen vor Herausforderungen, aber auch Chancen stellen. Indem Unternehmen frühzeitig auf diese Trends reagieren, sich anpassen und innovative Lösungen entwickeln, können sie ihren Wettbewerbsvorteil sichern und langfristigen Erfolg in einer sich ständig verändernden Branche gewährleisten.

Kapitel 8.1

Zusammenfassung der wichtigsten Erkenntnisse

1. Marktsegmentierung und Nischenidentifikation:
Die gezielte Ansprache spezifischer Kundensegmente und
Nischenmärkte ermöglicht es Unternehmen, ihre
Marketingressourcen effizient einzusetzen und eine loyalere
Kundenbasis aufzubauen.

2. Starke Markenpositionierung:
Durch die klare Kommunikation der Unternehmenswerte, der
Alleinstellungsmerkmale und der Markenbotschaft können
Reinigungsunternehmen eine emotionale Verbindung zu ihren
Kunden aufbauen und sich von der Konkurrenz abheben.

3. Effektive Marketingstrategien:
Die Nutzung von Online-Marketing, Social Media Marketing
und Offline-Marketingkanälen ermöglicht es Unternehmen, ihre
Reichweite zu erhöhen, neue Kunden zu gewinnen und
bestehende Kundenbeziehungen zu stärken.

4. Kundenbindung und -pflege:
Die Implementierung von Kundenserviceprogrammen, die
Nutzung von Kundenfeedback und die kontinuierliche
Verbesserung der Dienstleistungen sind entscheidend für die
langfristige Bindung von Kunden und die Steigerung der
Kundenzufriedenheit.

5. Investition in Mitarbeiterentwicklung:
Die Schulung und Weiterbildung der Mitarbeiter in den
Bereichen Kundenbetreuung, Reinigungstechniken und
Technologie ermöglicht es Unternehmen, einen erstklassigen
Service anzubieten und das Vertrauen der Kunden zu stärken.

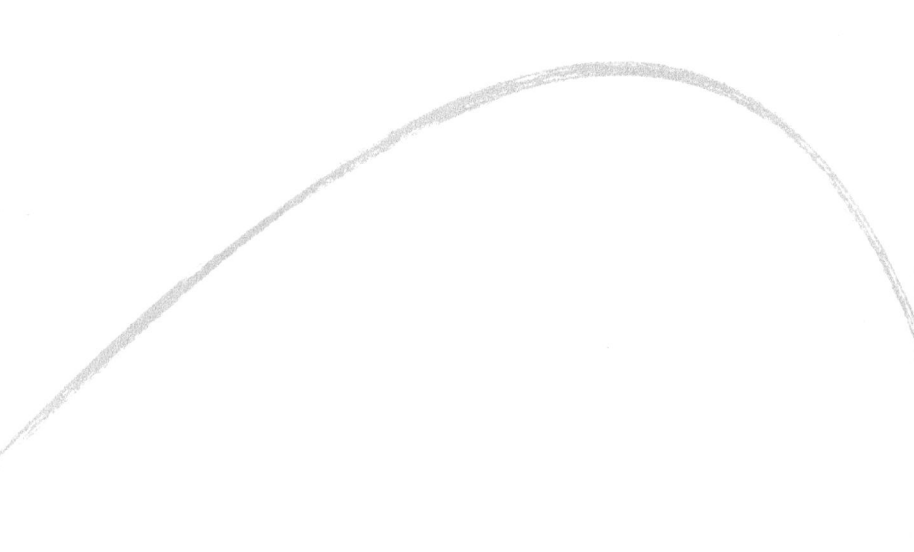

Kapitel 8.2

Handlungsempfehlungen

➡ Kontinuierliche Analyse und Anpassung der Marketingstrategie an veränderte Markttrends und Kundenbedürfnisse.

➡ Integration von Nachhaltigkeitspraktiken und umweltfreundlichen Reinigungslösungen, um den Anforderungen der modernen Verbraucher gerecht zu werden.

➡ Nutzung von Technologie und Datenanalyse zur Optimierung von Reinigungsprozessen und zur Personalisierung von Kundenerlebnissen.

➡ Aufbau einer starken Unternehmenskultur, die Werte wie Integrität, Professionalität und Kundenorientierung betont.

Abschließende Gedanken

Die Reinigungsbranche bietet zahlreiche Möglichkeiten für Unternehmen, die bereit sind, sich den Herausforderungen des Marktes zu stellen und innovative Lösungen anzubieten. Indem Unternehmen die Erkenntnisse und Handlungsempfehlungen dieses Leitfadens nutzen und sich kontinuierlich weiterentwickeln, können sie langfristigen Erfolg und Wachstum in einer dynamischen und wettbewerbsintensiven Branche sicherstellen

Kapitel 8.3

Dank an die Leser und Einladung zur Kontaktaufnahme

Abschließend möchte ich mich bei Ihnen, den Lesern, für Ihr Interesse und Ihre Aufmerksamkeit bedanken. Die Erarbeitung dieses Leitfadens war eine spannende Reise durch die Welt des Marketings für Reinigungsunternehmen, und ich hoffe, dass Sie wertvolle Einblicke und Inspiration daraus gewonnen haben.

Für weitere Unterstützung, maßgeschneiderte Beratung oder Fragen zu den in diesem Leitfaden behandelten Themen stehe ich Ihnen gerne zur Verfügung. Bitte zögern Sie nicht, uns zu kontaktieren, wenn Sie weitere Informationen benötigen oder wenn Sie konkrete Anliegen haben, bei deren Lösung wir behilflich sein können.

Ich freue mich darauf, von Ihnen zu hören und Ihnen bei der Weiterentwicklung Ihres Reinigungsunternehmens zu helfen.

Mit freundlichen Grüßen,

Monika Velez

Online Market Maker GmbH
www.online-market-maker.com

team@online-market-maker.com

QR-Code scannen und
Termin sichern.

Über die Autorin

Monika Velez

Monika Velez - ist eine erfahrener Unternehmerin und Marketingexpertin mit über 16 Jahren Erfahrung in der Reinigungsbranche. Sie hat mehrere erfolgreiche Reinigungsunternehmen aufgebaut und geleitet und teilt in diesem Buch ihre wertvollen Erkenntnisse und bewährten Strategien.

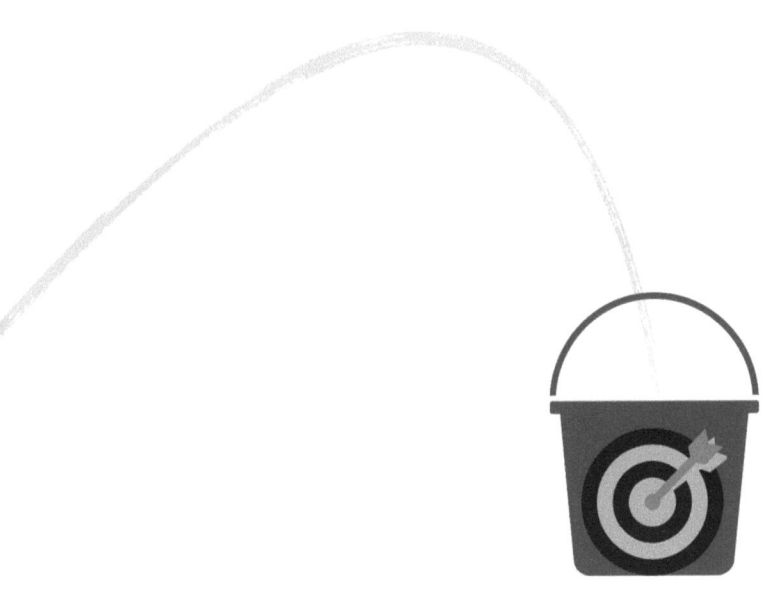

Notizen

Notizen

Notizen

Notizen